소백의 노래 2

소백의 노래 2

太白을 흠모한 小白의 한시 모음집
자작漢詩와 중국漢詩選

류정무 지음

나녹
那碌

象村先生 詩句

桐千年老恒藏曲
梅一生寒不賣香

오동나무로 만든 악기는
천 년이 지나도 자기 곡조를 간직하고
매화는 일생이 추워도
그 향기를 팔지 않는다

詩 象村 / 書 幽谷

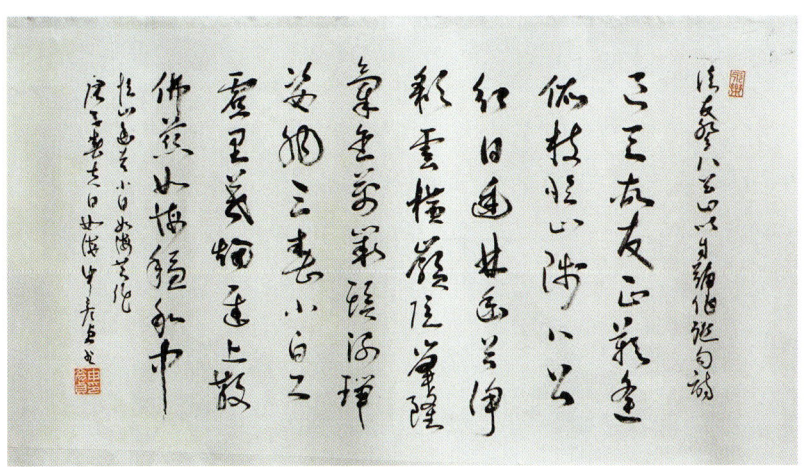

諸友登八公山以自號作聯句詩

良天故友正難逢
依杖怡山陟八公
紅日透林幽谷淨
彩雲橫嶺隱峰隆
氣含萬歲頭流瑞
姿納三春小白工
墟里暮煙遲上散
佛慈如海穩和中

여러 벗이 팔공산에 올라 스스로의 號(호)로 聯句詩(연구시)를 짓다

좋은 날씨에 옛 벗은 실로 만나기 어려운데

지팡이 의지해 산이 좋아 팔공산에 오르네
붉은 해 숲을 투과하니 그윽한 골짜기 깨끗하고
채색 구름 고개 가로 비끼니 가려진 봉우리 우뚝하네
기운은 萬歲(만세) 지리산의 상서로움을 머금었고
자태는 三春(삼춘) 소백산의 공교로움을 드리웠네
산골마을 저녁연기 천천히 피어오르다 흩어지니
부처님의 자비가 온화한 가운데 바다처럼 퍼져 나가네

                                           詩 怡山 幽谷 小白 如海 /書 如海 (P. 89)

觀 江陽灣 日出寫眞 有懷

迎晨滄海主榮臨　祕異驚歎讚一吟
紅霧翳途遲走日　白鷗勵艇促歸心

강양만 일출사진을 보며 느낀 바 있어

새벽을 맞는 너른 바다에 주님의 영광이 임하니
신비롭고 이채로움에 경탄해 한 노래로 찬미해 보네
붉은 안개가 길을 가리어 달리는 해 더디게 하고
흰 갈매기는 쪽배를 독려해 돌아가는 마음 재촉하네

詩 小白 / 寫眞 一愚 (P.107)

會宿萬里浦

八公俊傑集雲祥　嘉宴瑤臺外翠洋
淚別頻看無色月　情談萬里酒加香

만리포에서의 멋진 하루 밤

팔공준걸들 상서로운 구름 모이듯 했으니
신선 산다는 요대의 멋진 만남 비취색 바닷가였지
눈물의 이별 수시로 지켜본 달도 무색하여라
정담이 만 리에 퍼지니 술 향기 더해 가네

詩와 寫眞 小白(P. 112)

登頭流 觀雲海

楓光漸染繡頭流　水色專涼爽氣秋
短陟長休纔踏頂　碧虛極目疊雲浮

지리산에 올라 雲海(운해)를 보다

단풍 빛 점점 물들어 두류산을 수놓는데
물색은 서늘한 가득히 상쾌한 기운이 가을날이라
짧은 오름 긴 휴식 끝에 마침내 정상을 밟으니
푸른 하늘 온 시야로 첩첩구름 떠 있네

詩와 寫眞 小白(P. 115)

秋日注山池

不期星宴盡歡旋
轉側投池漆黑專
喧集盒寒疎霧上
微明驚眼醉屛前
照楓谷釜疑煎水
輕步琉璃恐滑仙
出寫未功何掛念
印心秋色久娟娟

가을날의 주산지

기대치 않았던 별들의 饗宴(향연) 실컷 즐긴 뒤 돌아와
輾轉反側(전전반측)하다 못으로 내달리니 칠흑 같은 어둠뿐이라
소란스레 모이는데 寒氣(한기) 더하자 성긴 물안개 피어오르고
희미하게 밝아 오니 전방 불콰한 병풍 숲에 눈이 놀라지네
단풍 비친 골짝 가마엔 못물 끓을까 의심스럽고
유리 같은 물 위 사뿐히 걷다 물의 精靈(정령) 미끄러질까 두렵네
작품사진 찍지는 못했지만 어찌 掛念(괘념)하리오
마음 판 새긴 가을날의 風光(풍광) 오래도록 아름다울 텐데

詩와 寫眞 小白(P. 160)

二月雪景

二月幽棲玉屑侵
山河極目庇銀衾
豈無細物風流趣
盡脫危梢競哢吟

二月(이월)의 雪景(설경)

二月(이월) 그윽한 거처에 옥가루가 침범하니
눈에 보이는 온 山河(산하)가 은빛 이불 덮었네
어찌 微物(미물)이라 風流(풍류)의 興趣(흥취) 없으랴
잎새 다 떨어진 높은 가지 끝 다투어 지저귀며 노래하네

詩와 寫眞 小白(P.203)

秋日夜釣

鏡池倒影碧虛窓　鶴一秋天竝雁雙
垂者暗宵魚夢逐　造君明畫火團扛

가을날의 밤낚시

거울 같은 못에 창공 되비치는데
가을 하늘에 학 한 마리 날고 못에는 두 형제 나란하여라
낚시 드리운 어옹 어둔 밤 내내 고기의 꿈을 쫓았는데
조물주는 세상 낮 밝히려 불덩이를 끌어올리네

詩와 寫眞 小白(P.113)

太白을 흠모한 小白의 한시 모음집

차례

추천사1 서(序) 7
추천사2 小白의 세 번째 문집 발간을 축하하며 11
漢詩(한시)의 이해 13

제1부 자작漢詩

제1장 次韻詩

서호를 노래하다 吟西湖 19 | 原詩: 飮湖上初晴後雨 蘇軾 20 | 낙방시落榜詩 21 | 原詩: 題烏江亭 杜牧 22 | 어비리 낙조魚肥落照 22 | 原詩: 魚肥落照 鄭亮和 24 | 매화 구경 후 느낀 바 있어探梅有懷 24 | 原詩: 秋日再經旴貽縣寄李長官 崔致遠 26 | 유곡에게 부치다寄幽谷 26 | 原詩: 仁王霽色 題跋詩 沈煥之 28 | 요염한 봄艶春 28 | 原詩: 次北固山下 王灣 30 | 수월정을 지나면서 過水月亭 31 | 原詩: 石壁精舍還湖中作 謝靈運 34 | 어부가漁父歌 35 | 原詩: 漁父歌 張志和 36 | 부모님 생각에 고향 쪽 바라본다望鄕思親 36 | 原詩: 晩登三山還望京邑 謝朓 39 | 섣달 그믐날 밤除夜 40 | 原詩: 除夜作 高適 41 | 두 별이 문채를 발하다雙星發文彩 41 | 原詩: 讀李杜詩集因題卷後 白居易 44 | 흥에 겨워 漫興 45 | 原詩: 漫興 杜甫 47 | 여름 구름에 기이한 봉우리가 많네夏雲多奇峰 鄭知常 47 | 서예작품을 보다 觀書 48 | 原詩: 江畔獨步尋花 杜甫 49 | 연꽃이 핀 가을날 벗에게 보낸다蓮秋寄友 50 | 原詩: 夜雨寄北 李商隱 51 | 장강과 황하江河 52 | 原詩: 送黃河 金成坤 54

제2장 定韻詩

송구영신送舊迎新 55 | 밤에 낚시 드리우다夜中垂釣 57 | 달月 58 | 작시에 느끼는 바作詩感懷 60 | 버드나무柳 61 | 다시 찾은 무릉계곡再訪武陵溪谷 62 | 오일장 五日場 64 | 종강을 맞아 지암 류선생님에게 올리는 시當終講 智巖 柳先生任前 獻詩 65 | 가을날 봉서루에 올라秋日登鳳棲樓 67 | 강상 확립과 경제 부흥을 원하며願 綱常確立 經濟復興 68 | 왕인박사 유석시의 벚꽃을 찾아서王仁博士遺蹟地 櫻花探訪 69 | 화성의 가을 풍경華城秋色 70 | 하동의 차를 기리며河東茶頌 72 | 남북교류 확장을 기원하며願南北交流擴張 74 | 수원시 승격 70주년 기념시水原市 昇格 七十週年 紀念 75

제3장 效體詩

이백을 모방해 다시 지리산을 노래하다效白一首 再詠智異山 77 | 삼오칠언으로 된 시三五七言 李白 78 | 왕안석을 본받아 지은 열둘의 산山 자로 된 시 效王公 十二字山歌 79 | 종산에서 노닐다遊鐘山 王安石 80 | 채두봉釵頭鳳 81 | 심원의 노래沈園二首 陸游 82 | 釵頭鳳 陸游 84 | 釵頭鳳

唐婉 85 | 제목없음 無題 87 | 충간(忠諫)의 노래 諫歌 趙整 88

제4장 聯句詩

여러 벗이 팔공산에 올라 스스로의 호로 연구시를 짓다諸友登八公山以自號作聯句詩 89 | 남악(지리산)에서 노닐다遊南嶽 宋翼弼,李珥,鄭澈,成渾 90

제5장 補充詩

백로白鷺 92 | 부벽루浮碧樓 幽谷 93

제6장 借句詩

김호도에게 부친다 寄金浩渡 95 | 벗과 만나 같이 밤을 지새다友人會宿 李白 96

제7장 選韻詩

개교백주년開校百週年 98 | 진주 사돈 회갑축시晉州査頓 回甲祝詩 98 | 한양도성이 세계문화유산에 등재되기를 바라며願 漢陽都城 世界文化遺産 登載 100 | 경산찬가慶山讚歌 102 | 황산에 올라登黃山 103 | 沁園春(憶黃山) 汪莘 106| 강양만 일출사진을 보며 느낀 바 있어 江陽灣 日出寫眞 有懷 107 | 진주 사부인 회갑 晉州査夫人 回甲祝詩 108 | 고희 축하시古稀祝賀詩 109 | 굽이 흐르는 강 曲江 杜甫 110 | 벗과 더불어 인왕산을 두루 돌아보며仁王與友周觀記 111 | 만리포에서의 멋진 하루 밤會宿萬里浦 112 | 가을날의 밤낚시秋日夜釣 113 | 삼가 굴원 선생님께 드리다謹寄屈原 114 | 지리산에 올라 운해를 보다登頭流 觀雲海 115 | 애덕령을 지나면서過愛德嶺 (副題: 憶司祭 金大建) 116 |임청장 퇴임 축하시林廳長 退任祝賀詩 118 | 벗, 그리고 선녀와 함께 북한산에 올라 느낀바與友伴仙 登北漢山有懷 120 | 그림을 보며看畵 121 | 사천에서의 만남을 회상하며泗川有懷122 | 봄밤春夜 蘇軾 124 | 대청봉에 올라 일박 후 백담계곡으로 내려오다 登頂大靑泊下百潭溪 124 | 부여에서의 옛 놀이를 회고하며扶餘舊遊回顧 126| 안주 부운사 누각에서 호주의 장낭중에게題安州浮雲寺樓寄湖州張郎中 杜牧127 | 두보의 시에 화답해 짓다和杜甫詩(副題:酷暑) 128 | 늦더위 힘들어 죽겠는데 일거리는 쌓이고早秋苦熱堆案相仍 杜甫 129 | 하계야유회를 다녀와 장난삼아 한 수 짓다夏遊後 戲作一首 131| 당구모임 후기棒筵後記 132 | 중추전야 中秋前夜 133 | 수경회 송년모임을 축하하며祝 水慶會送年筵 134 | 청계산에 올라登淸溪山 136 | 한라산에 올라登漢拏山 137 | 제목 없음無題 139 | 정공의 유거를 찾아서尋鄭公幽居 141 | 다 떨어진 벚꽃에 느끼는 바 있어櫻花落盡有感 143 | 이릉의 시를 읽고讀李陵詩 144 | 소무에게 드리는 시與蘇武詩 三首 李陵 146 | 운조회 결성에 즈음해當結雲藻會 150 | 난정시蘭亭詩 孫綽 151 | 여해에게 부치다寄如海 152 | 단가행短歌行 曹操 153 | 태백의 노래太白歌 156 | 임종의 노래臨終歌 李白 157 | 슬픈 사랑 이야기悲戀歌158 | 가을날의 주산지秋日注山池 160 | 낙수의 여신 洛神賦 中 曹植 162 | 가을날 청송에서 한가히 노닐 때를 회고하다秋日青松閒遊懷古 幽谷 164 | 경맥문학회 창립10주년 기념축시慶脈文學會 創立十週年 記念祝詩 165 | 회갑기념 축하시回甲記念 祝詩 167 | 이공에게 드리다贈李公重山 168 | 중앙공원 현충탑 경내 벚꽃을 찾아서中央公園 顯忠塔境內 櫻花探訪 169 | 봄날을 바라보며春望 杜甫 171 | 연못의 백로蓮池白鷺 172 | 초여름의 연못初夏蓮池 幽谷 173 |

연못을 노래하다蓮池吟 如海 174 | 여름날의 하루 夏日卽事 怡山 175 | 애련설 중에서愛蓮說 周敦頤 175 | 소영 연잎을 읊다疏影 張炎 詠荷葉 176 | 유곡에게 드리다贈幽谷 178 | 이도일의 시李道一 詩 180 | 조임도의 시趙任道 詩 181 | 여름날의 우포늪 탐방夏日牛浦濕地探訪 182 | 술을 마주하며對酒 白居易 183 | 보니에게 부치다寄階友 184 | 가고 또 가고行行重行行 古詩十九首 中 185 | 코로나를 만나遇感 186 | 가을밤 어슬렁 걷다 秋夜緩步 188 | 종남산 별장終南別業 王維 189 | 스스로 지어 천 번째로 게재하다自作千載 190 | 이상은을 곡해 애도함哭李商隱 崔珏 192 | 호를 지어 주며作號詩 193 | 길상사에서 모란을 감상하다吉祥寺賞牡丹 蘇軾 195 | 여산의 진면목을 노래하다廬山眞面目歌 195 | 서림사 벽에 적다題西林壁 蘇軾197 | 절승원 釋靈一 198 | 석문을 유람하다遊石門詩 廬山諸道人 198 | 여산 오로봉에서 놀다遊廬山五老峰 吳筠 200 | 대림사의 복사꽃大林寺桃花 白居易 202 | 여산폭포를 보며望廬山瀑布 李白 203 | 이월의 설경二月雪景 203 | 말라죽은 나무枯木 204 | 용인정을 노래하다題龍仁亭 206 | 악양루에 올라登岳陽樓 杜甫 207 | 황학루黃鶴樓 崔顥 208 | 상상의 나래를 펴고推想 209 | 유곡의 매화 사진에 수답하다酬答幽谷梅花寫眞 210 | 봄눈春雪 東方虯 212 | 장난삼아 한 수 짓다戲作一首 213 | 가을날 봉화 고택으로 나들이하다秋日奉化古宅行 214 | 상서로운 눈瑞雪 216 | 세월歲月 217

제8장 其他詩

경옥선자에 부치다寄瓊玉仙子 218 | 무제1無題1 219 | 무제2無題2 220 | 술을 끊다斷酒 220 | 유어한정기游魚閑情記 221 | 소백산小白山 222 | 소백산小白山 徐居正 223 | 여행을 마치며 한 수終旅一首 224 | 결혼기념 축시結婚記念 祝詩 224

제 2 부 중국漢詩選

제1장 唐代以前詩

전성남戰城南 230 | 생년불만백生年不滿百 232 | 관창해觀滄海 조조曹操 234 | 칠보시七步詩 조식曹植 235 | 영회시詠懷詩 완적阮籍 236 | 수재입군贈秀才入軍 혜강嵇康 238 | 부낙도중작赴洛道中作 육기陸機 239 | 곡풍谷風 육운陸雲 241 | 영사팔수詠史八首 中 좌사左思 242 | 답노심시중答盧諶詩中 유곤劉琨 244 | 유선시遊仙詩 곽박郭璞 246 | 난정집시蘭亭集詩 왕희지王羲之 247 | 증사안시贈謝安詩 손작孫綽 249 | 귀원전거歸園田居 도잠陶潛 251| 음주飮酒 도잠陶潛252 | 등산登山 사도온謝道韞 254 | 등지상루登池上樓 사령운謝靈運 256 | 증범엽시贈范曄詩 육개陸凱 258 | 유동전遊東田 사조謝朓 259 | 영장신궁중초詠長信宮中草 유견오庾肩吾 260 | 여호흥안야별與胡興安夜別 하손何遜 261 | 조문산중하소유부시이답詔問山中何所有賦詩以答 도홍경陶弘景 262 | 도청초호渡靑草湖 음갱陰鏗 264 | 매화梅花 유신庾信 265 | 인일사귀人日思歸 설도형薛道衡 267 | 낙엽落葉 공소안孔紹安 267 | 송별送別 진자량陳子良 268

제2장 唐代詩

제1절 唐 詩壇을 빛낸 뭇별들

화진릉육승조춘유망和晉陵陸丞早春游望 두심언杜審言 270 | 송두소부지임촉주送杜少府之任蜀州 왕발王勃 272 | 대비백두옹代悲白頭翁 유희이劉希夷 274 | 제대유령북역題大庾嶺北驛 송지문宋之問 260 | 회향우서回鄕偶書 하지장賀知章 277 | 등유주대가登幽州臺歌 진자앙陳子昻 277 | 촉도후기蜀道後期 장열張說 278 | 조경견백발照鏡見白髮 장구령張九齡 279 | 양주사涼州詞 왕한王翰 280 | 등관작루登鸛雀樓 왕지환王之渙 281 | 숙건덕강宿建德江 맹호연孟浩然 282 | 망종남잔설望終南殘雪 조영조詠祖 283 | 산거추명山居秋暝 왕유王維 284 | 제파산사후선원題破山寺後禪院 상건常建 285 | 적중작磧中作 잠삼岑參 286 | 풍교야박楓橋夜泊 장계張繼 287 | 춘사春思 가지賈至 288 | 귀안歸雁 전기錢起 288 | 춘강독조春江獨釣 대숙륜戴叔倫 290 | 저주서간滁州西澗 위응물韋應物 291 | 강촌즉사江村卽事 사공서司空曙 291 | 유자음遊子吟 맹교孟郊 292 | 추사秋思 장적張籍 293 | 송계주엄대부送桂州嚴大夫 한유韓愈 294 | 지상池上 유우석劉禹錫295 | 모강음暮江吟 백거이白居易 296 | 어옹漁翁 유종원柳宗元 297 | 제도성남장題都城南莊 최호崔護 298 | 제이응유거題李凝幽居 가도賈島299 | 절양류折楊柳 시견오施肩吾 301 | 새하곡塞下曲 허혼許渾 301 | 강남춘江南春 두목杜牧 302 | 무제無題 이상은李商隱 303 | 상산조행商山早行 온정균溫庭筠 305 | 보허사步虛詞 고병高駢 306 | 금릉도金陵圖 위장韋莊 307 | 초서병풍草書屛風 한악韓偓 308

제2절 唐 詩壇을 밝힌 해와 달

1 李白의 詩

아미산월가峨眉山月歌 309 | 산중문답山中問答 310 | 조발백제성早發白帝城 311 | 정야사靜夜思 312 | 추포가秋浦歌 313 | 산중여유인대작山中與幽人對酌 314 | 옥계원玉階怨 314 | 청평조사淸平調詞 315 | 황학루송맹호연지광릉黃鶴樓送孟浩然之廣陵 316 | 노군동석문송두이보魯郡東石門送杜二甫 317 | 심옹존사은거尋雍尊師隱居 318 | 장진주將進酒 320 | 월하독작月下獨酌 323 | 파주문월把酒問月 325

2 杜甫의 詩

절구絶句 326 | 절구絶句 327 | 강반독보심화江畔獨步尋花 328 | 만성일수漫成一首 329 | 강남봉이구년江南逢李龜年 329 | 곡강曲江 331 | 강촌江村 332 | 여야서회旅夜書懷 333 | 백제성루白帝城樓 334 | 월야月夜 335 | 망악望嶽 337 | 촉상蜀相 338 | 춘야희우春夜喜雨 339 | 춘일강촌春日江村 340 | 등고登高 341

제3장 唐代以後詩

제1절 宋代詩

산원소매山園小梅 임포林逋 343 | 노산산행魯山山行 매요신梅堯臣 344 | 추회秋懷 구양수歐陽脩 346 | 청야음淸夜吟 소옹邵雍 347 | 박선과주泊船瓜洲 왕안석王安石 348 | 화자유면지회구和子由澠池懷舊 소식蘇軾 349 | 관서유감觀書有感 주희朱熹 350 |

제2절 遼, 金, 元代詩

어촌시화도漁村詩話圖 당회영党懷英 352 | 어부사漁父辭 353 | 조맹부趙孟頫 353 | 관중희管仲姬 353 | 강상江上 진심陳深 355 | 회귀懷歸 예찬倪瓚 356

제3절 明代詩

추망秋望 고계高啓 357 | 촌사도화村舍桃花 우겸于謙 358 | 신춘일新春日 축윤명祝允明 358 | 출교出郊 양신楊愼 359 | 삽앙揷秧 범성대范成大 360 | 이강주행漓江舟行 유안기兪安期 361

제4절 淸代詩

정위精衛 고염무顧炎武 362 | 항주반산간杭州半山看桃花 마일로馬日璐 363| 기의곡寄衣曲 석패란席佩蘭 364 | 천산千山 요원지姚元之 365 | 하일잡시夏日雜詩 진문술陳文述 366 | 태평양우우太平洋遇雨 양계초梁啓超 366 | 매매梅 추근秋瑾 367

후기後記 369
참고서적 371

추천사 1
서(序)

　사람이 살아가는 이 세상에는 자연히 제각기 다른 모습으로 사는 사람들이 많이 있다. 한 형태의 삶은 몸은 홍진(紅塵) 세상의 탁하고 더러운 가운데 살지만, 오직 마음만은 초연히 벗어나 오히려 진애(塵埃)의 세상 밖에서 노니는 자가 있다. 그런가 하면 또 한 형태의 삶은 몸은 비록 올올히 세상 밖의 청정(淸靜)한 곳에 살면서 번화하고 시끄러운 세상을 멀리 피하였지만, 그러나 오히려 그 마음은 한결같이 세상의 화려한 곳을 향하고 그 생각은 세상의 영광과 이로움을 끊임없이 추구하는 자들이 있다. 이 두 형태의 삶에서 마음 쓰는 허(虛)와 실(實)을 비교한다면 어떻다고 하겠는가.

　현재 용인(龍仁)에 우거(寓居)하고 있는 류변호사(柳邊護士)는 본래 영남 출신이다. 그의 몸은 비록 이 세상에 처하여 있지만, 그의 마음은 항상 부운(浮雲)[1]의 바깥에서 살며 참으로 진애(塵埃)의 세상 밖에서 노니는 자이니, 오늘 이 시대에 드문 선비이다. 옛날로 되돌아가 생각해 보면, 상구(相求)[2]하여 처음 서로 만난 좌석에서 문득 즉흥시 지은 것을 나에게 주었다. 나는 그 시(詩)를 읽어보고 그렇게 빨리 완성하는 것에 문득 놀랐고, 또 한편으로는 무슨 일이든 부딪치기만 하면 번번이 시(詩)로써 읊어내는 초일(超逸)한 재주에 놀랐다. 그래서 나는,
"훌륭하긴 하나, 한시(漢詩)의 격률(格律)을 정식으로 배워 전아(典雅)한 운율(韻律)을 옥(玉)처럼 만드는 것만 하겠습니까."
라고 하면서 정중하게 권하니, 류(柳) 변호사는,
"예", "예"

---

[1] 부운(浮雲): 불의(不義)한 부귀(富貴)를 뜻한다. 『논어』 제7권에서 공자의 말씀에 "의롭지 않고 부(富)하고 귀(貴)함은 내게 뜬구름과 같다. (不義而富貴, 且於我如浮雲.)"라고 한데서 유래하였다.
[2] 상구(相求): 뜻과 기운이 서로 같은 경우는 자연적으로 서로 찾음을」 뜻한다. 『주역(周易)』 「건괘(乾卦)· 문언(文言)」 구오(九五)에 "동기상구(同氣相求)"에서 온 말이다.

라고 하지 않은 적이 없었다.

 이후 벌써, 세월은 멈추지 않아 봄과 가을이 얼마나 바뀌었는지 눈 깜짝할 순간 20여 년이 되면서 서로 어약상망(魚若相忘)[3]과 같이 지냈다. 그러다가 근래에 그간의 지내 온 사정을 들어보니, 과연 운률(韻律)에 밝은 자에게 수학(受學)하여 정신을 가다듬고 절차탁마한 세월이 이미 오래되었다.

 그런데 어느 날, 갑자기 시고(詩藁)를 부쳐 와서 서(序) 일언(一言)을 청하는데 진실로 이 일을 사양할 수 없었다. 그러나 내 감히 무슨 말을 하겠는가. 다만 생각해 보건대, 지금 한문(漢文)의 문자가 폐하여지고 무너지는 오늘에 류(柳) 변호사는 고문(古文)을 홀로 깨달아 『고문진보(古文眞寶)』와 제가서(諸家書)를 독파하였고, 고시(古詩)를 체인(體認)하여 제가(諸家)의 명시(名詩)를 두루 통하였다. 그리하여 정밀하게 사색하고 힘써 배워서 시(詩)로써 뜻을 말하여 회포를 펴고, 시(詩)로써 일을 말하여 기록을 남기며, 시(詩)로써 사람을 대하여 수작(酬酌)하였다. 그러한 가운데는 혹 표일(飄逸)하고 청신(淸新)한 곳이 있어서 사람들을 감발(感發)함이 있게 하니, 이 어찌 시속(時俗)의 사람들과 쉽게 말할 것인가. 『논어』에 "시(詩)에서 마음을 일으킨다."는 것과 "시(詩)를 배우지 않으면 말을 할 수 없다."는 것과 "시(詩)는 지의(志意)를 흥기(興起)할 수 있고, 득실(得失)을 볼 수 있고, 화이불류(和而不流)의 무리를 지을 수 있고, 원망하나 노(怒)하지 않을 수 있다."는 등과 "예(藝)에 노닌다.(游於藝)"는 유(類)의 말들이 아마도 이런 것을 말함이던가. 혹 가령 격률(格律)에 벗어나는 것이 있다 한들 어찌 부당하다 하겠는가.
 이로써 부지런히 부지런히 덕에 나아가고 업을 닦는 일[4]을 스스로 그만두지 않는다면 장래에 이·두(李·杜)[5]의 경지에 들지 않으리란 것을 어찌 알겠

---

[3] 어약상망(魚若相忘): 물고기가 강과 호수에서 서로 잊고 지낸다는 말로 『장자』 「대종사」 편에 있다.
[4] 『주역(周易)』 「건괘(乾卦)·문언(文言)」 구삼(九三)의 "진덕수업(進德修業)"을 말한 데서 내면에 참 마음을 쌓는 것과 밖으로 진실을 행하는 것이 진덕(進德)이고, 언어와 문장을 닦아 성(誠)을 세우는 것이 수업(修業)으로 윗자리에 있어도 교만함이 없고 아랫자리에 있어도 근심함이 없다 하였다.

는가. 내가 바라는 바는 이것일 뿐이다.

임인(壬寅)년(2022) 백로절(白露節)에
한국국학진흥원 대구강원 주임교수 연구실에서
이갑규(李甲圭) 근서(謹序)

---

5 이·두(李·杜): 당(唐)나라 시인(詩人)이 3천여 명에 이르렀으나 문학사에서는 오직 이백(李白)과 두보(杜甫)를 독보적으로 꼽았으며 이·두(李·杜)라 일컬었다.

序

人生世間, 自有衆各異樣之人, 蓋一樣, 則身居紅塵濁穢之中, 而唯心超然蟬蛻, 猶有浮游於塵埃之外者。又一樣, 則身雖兀兀, 處於世外之淸靜, 遠避煩鬧, 然猶有其心一向世華, 其思營營於榮利者矣。 此兩樣者, 較之用心虛實, 夫何如哉?

今寓居龍仁之柳瑞護士者, 原嶺南人也。 其身雖處於斯世, 其心常居於浮雲之外, 眞浮游於塵埃之外者, 蓋今世罕士也。 回憶昔年, 相求初逢之座, 輒授予以卽興詩作, 予讀之而忽驚速成, 且驚觸之輒吟之超才焉。 予曰, "善則善矣, 豈若正學格律, 玉成雅韻。" 鄭重而勸之。 柳士云, 未嘗不唯! 唯! 旣而後日月不淹, 春與秋其多少序, 瞬過二十餘星霜, 相與魚若相忘。及近聞其間之經過, 果受學於明韻律者, 勵精磋磨之歲月, 已久矣。

日, 忽然寄以詩藁, 而請弁一言, 固此不能辭也, 然予敢何言哉!

顧念, 今時漢文字廢壞之日, 柳士獨覺古文, 讀破古文眞寶及諸家書, 體認古詩, 徧通諸家名詩, 精思力學, 以詩言志而敍懷, 以詩言事而遺記, 以詩對人而酬酌, 蓋其中或有飄逸淸新之處, 使人有感發, 是豈易與俗人言哉! 所謂 "興於詩", "不學詩, 無以言", "詩, 可以興, 可以觀, 可以群, 可以怨.", "游於藝", 類之語, 其此之謂歟。 或使有格外之律, 何可謂不當乎? 以此乾乾, 進德修業, 不能自已, 將來安知亦不進於李杜之域乎? 吾所企以是云爾。

歲壬寅年, 白露節
于韓國國學振興院 大邱講院 主任敎授硏究室
李甲圭 謹序

추천사 2
小白의 세 번째 문집 발간을 축하하며

옛날 술잔 잡던 손 筆을 잡고
淸心閑歌 한마당 興을 펼치니
仙界런가 詩香 가득 흩날리네
酒中仙 登天하여 酒星된 지 오래
月宮 너머 北天의 밝은 저 별
姮娥 찾아 노니는 文昌星이어라.

이 난세 俗塵에서도 일상의 기쁨을 천상화원 거닐 듯
구름처럼 유유히, 물같이 담담하며, 아기처럼 맑게
그저 즐겁게 신선처럼 노래하는구나.
누가 生年不滿百 常懷千歲憂라 했나,
詩 103首로 天上을 펼쳐 보여 주거늘.

小白 류정무 시인이 두 번째 문집을 출간한 지 7년 만에 세 번째 문집을 출간한다 하니 참으로 기쁘고 놀랍다.
소백의 노래(1993년), 옛 글과 새 사람(2015년)에 이은 力作이다.
생애 단 한 권의 책도 발간하기 어렵거늘 벌써 세 번째 문집이라니 작가의 재능과 의지에 존경과 큰 축하를 보낸다.
누가 그를 無慾외 無愁翁(무수옹)이라 했던가.
책과 시에 대한 사랑과 욕심(?)이 이리도 크거늘.

이번 三輯에서는 103首의 주옥같은 自作漢詩뿐만 아니라 중국 漢代에서 淸代에 이르기까지 대표적인 한시 백여 수를 소개하고 있다. 저자가 누리는 일상의 기쁨을 공유하고 위대한 시인들의 漢詩를 감상하는 호사를 함께 누릴 수 있어 더 좋다.

오늘날의 시대 트렌드에 맞게 小白도 블로그 '소백의 노래'를 개설한 지 몇 해 만에 벌써 1,300회 이상을 게재하고 있으니 참으로 대단한 열정이라고 하겠다. 변호사로서의 바쁜 활동 중에 블로그를 통하여 한시 감상과 해설, 자작시 소개 등 한시 대중화에 큰 역할을 수행함과 아울러 스스로 漢詩 穿鑿(천착)으로 '學而時習之 不亦說乎'의 공자 人生三樂 중 하나를 누리고 있으니 그의 福樂이 참으로 크다.
블로그 '소백의 노래'가 그의 큰 재능을 펼치는 場이 되고 오래오래 사랑받는 국민블로그로 우뚝 서기를 바란다.

이제 漢詩는 고령층, 옛 것, 고상함과 특정계층의 소유라는 그릇된 고정관념이 깨지고 누구라도 쉽게 감상해 한시의 오묘함에 심취하고 즐기며 읊조릴 수 있는 한시 대중화의 시대가 활짝 열리기를 바라고 이를 위한 小白의 큰 역할을 기대하면서 아울러 喜壽, 米壽에도 계속해 그의 노래가 책으로 출간되기를 바란다.

八公山과 琴湖水를 떠난 지 어언 十年,
소백이 李杜를 그리워하듯 두보가 이백을 그리는 마음을 절절히 읊은 春日憶李白의 渭北春天樹 江東日暮雲의 심경으로 이 곳 오랜 벗들도 그대를 그리워하노라.

힘들고 긴 코로나 시국, 소백과 블로그 '소백의 노래'를 사랑하고 격려해 주시는 소백의 팬들께서도 늘 健幸하시길 기원드립니다.

                              2022년 8월 달구벌 욱수골 우거에서, 김 연수書
                              대구광역시 행정부시장 역임 후
                              대구한의대 교수로 재직 중임

漢詩(한시)의 이해

1. 序(서)

세계문화 속에서 중국이 가장 자랑스럽게 여기는 것이 첫째가 요리요 둘째는 시라는 말이 있다.

一杯一杯復一杯(일배일배부일배)라는 李白(이백)의 시 구절처럼 누구나 漢詩(한시) 한두 구절을 외우기도 하는데, 이는 詩語(시어)의 함축적인 의미와 낭송 후의 여운, 그리고 같은 한자문화권이라는 지리적 배경과 삶의 방식에서의 일체감 때문일 것이다.

한시를 감상하기에 앞서 먼저 한시란 무엇인지, 그리고 한시가 어떻게 변천되어 왔는지, 시대에 따른 한시의 구분과 그 외 한시만이 가지는 특유의 멋은 어떤 것인지에 관해 살펴보자.

2. 한시란 무엇인가

예로부터 韻(운)이 있는 것이 시이며 없는 것이 산문(有韻爲詩 無韻爲文, 유운위시 무운위문)이라 했는데, 이와는 달리 형식뿐 아니라 실질적인 면까지를 고려해 시를 음률을 갖추고 있는 純文學(순문학)이라 정의하기도 한다.

그런데 여기서 운이란 한자의 음을 처음의 자음 부분의 聲母(성모)와 나머지 모음을 포함하는 韻母(운모)로 나눌 때 그 운모에 해당하는 부분을 말하는데, 예를 들자면 寒(한), 丹(단), 歡(환), 難(난)은 "ㅏ(an)"의 같은 운이 된다. 그리고 句(구)의 끝에 같은 운을 두는 것을 押韻(압운)이라 하는데, 운의 최대의 효용은 제각기 흩어진 소리들의 연계성을 쫓아 일관되게 하여 하나의 완전한 곡조를 이루게 하는 데 있다. 그것은 구슬을 꿰는 실과 같은 역할을 하는 것으로 한시의 중요한 특성이기도 하다.

3. 한시의 구분

시대에 따라 한시는 古體詩(고체시)와 近體詩(근체시)로 나눌 수 있다. 고체시는 古詩(고시)와 樂府詩(악부시)가 여기에 해당되고 근체시는 唐初(당초)에 확립된 五言(오언)과 七言(칠언)으로 이루어진 絶句(절구)와 律詩(율시)를 주로 일컫는데, 고체시는 押韻(압운)과 平仄(평측)이 비교적 자유로운 반면 근체시는 그 적용이 엄격하다는 데 차이가 있다.

한자음은 高低(고저)에 따라 平聲(평성)·上聲(상성)·去聲(거성)·入聲(입성)의 四聲(사성)으로 나누는데, 평성을 제외한 나머지 세 가지 상,거,입성을 仄聲(측성)이라고 해 이 평성자와 측성자를 규칙적으로 교차시키고 또한 짝수 구의 끝에 운을 압운시켜 시의 음률효과를 극대화하는 것이 근체시의 큰 특징인데, 이와 같은 시의 형태는 六朝(육조)시대의 沈約(심약)으로부터 시도되어져 唐代(당대)에 완성을 보게 되는데, 전해오는 이야기로는 심약이 불교의 梵唄(범패) 가락을 참고해 가장 듣기 좋은 리듬을 찾아 평측의 배치를 만들었다고 한다. 그리고 운도 변화를 거쳐 지금은 평성운 30운을 비롯해 총 106운이 전해오는데 우리나라에서는 주로 평성운 30운만을 가지고 시를 짓는다.

한시를 시대에 따라 억지로 나눌 수 없고 두 가지 큰 계기를 전후해 구분하는 견해도 있는데, 그 첫째가 樂府(악부)와 五言詩(오언시)의 융성이고, 둘째로 律詩(율시)의 興起(흥기)를 꼽는 것이 그것이다.

詩經(시경)의 변화다단한 章法(장법), 句法(구법), 韻法(운법)을 변화시켜 하나의 규율로 整齊(정제)하였다는 점에서 악부, 오언시가 큰 의미가 있다면, 漢魏詩(한위시)의 渾厚古拙(혼후고졸)함을 버리고 정밀함(精)과 아리따움(姸), 새로움(新)과 교묘함(巧)를 추구하였다는 점에서 율시가 크게 주목을 받게 되는데, 이 율시는 외국시의 체재에는 없는 중국시의 체재 중 가장 특별한 것으로 여겨진다.

율시는 오언 또는 칠언으로 된 구가 8구로 이루어지고 2구를 한 聯(연)으로 부르는데, 1,2구를 首聯(수련), 3,4구를 頷聯(함련), 5,6구를 頸聯(경련), 7,8구를 尾聯(미련)이라 한다. 그런데 율시의 빼놓을 수 없는 중요한 修辭(수사) 형식으로 對偶(대우) 또는 對杖(대장)이 있는데, 이것은 함련, 경련의 각 2구씩을 의미의 排偶(배우)와 聲音(성음)의 對杖(대장)으로 짝을 맞추어 대비시키는 표현방식이다.

중국의 문장은 字句(자구)의 구조가 자유로이 伸縮顚倒(신축전도)될 수 있어 그 對句(대구)를 매우 정교하게 할 수 있는 특징이 있고, 또 하나 중국의 문자는 모두 단음이므로 5 또는 7자로 이루어지는 구의 字數(자수)를 맞추기 쉬워서, 뜻도 대칭이 되면서 구도 5언, 7언으로 들쭉날쭉하지 않게 획일화시키면서 평측에 따른 소리의 높낮이까지도 서로 대를 이루어, 결과적으로 音(음)과 意味(의미, 뜻)의 대우를 이루게 되는 것이다.

따라서 제대로 한시를 짓고 감상하기 위해서는 중국말로 이를 낭송해 그 聲調(성조)의 대비를 직접 음미해 보는 것이 좋고, 또 이것은 수록된 한시 중 율시의 경우는 함련, 경련을 대우의 관점에서 살펴보기를 바란다.

小白 류정무

제1부 자작漢詩

제1장 次韻詩

서호를 노래하다

만경에 배 떠 있어 서호는 넓은데
사계절 때를 따라 이루는 경치 기묘하도다
서시를 몰래 엿보다 물고기 정신 잃어 가라앉은 물가로는
꾀꼬리 우는 버들이 물결 이루어 상쾌하고도 시원해 좋구나

吟西湖

泛舟萬頃西湖闊 범주만경서호활
四季隨時作景奇 사계수시작경기
竊眄越姬魚浸岸 절예월희어침안
聞鶯柳浪爽涼宜 문앵류랑상량의

2016년 8월 16일 말복에

해설

여름휴가 때 4박 5일로 중국의 상해, 항주, 황산을 다녀왔는데 위는 항주 서호를 보고 돌아와 소식의 음호상초청후우 두 수 중 한 수를 차운해 지은 시인데 그 직후인 2016년 가을경 항주에서 G20 정상회담이 개최될 예정이었고 당시는 중국과는 북핵과 사드문제로 양국 관계가 소원할 때라 그 타개를 위한 방편으로 항주의 명물인 서호를 노래한 소식

의 시를 차운한 위 시를 박근혜 대통령이 직접 낭송해 보도록 비서실에
건의를 했으나 여의치 않았던지 뒤에 국정 운영에 계속 관심을 가져달
라는 감사의 회신을 받은 적이 있었다.

참고로 4구와 관련해 서호십경 중 하나인 유랑문앵柳浪聞鶯을 평측平
仄을 맞추기 위해 문앵류랑으로 도치시켰고 칠언절구는 1구 끝에 운韻
자가 배치되어야 하지만 원시가 그렇지 않아 역시 비운非韻자로 배치했
다.

호숫가에서 술을 마시는데 처음에는 날이 개었다 나중에 비가 내리다

물빛이 반짝반짝 맑을 때가 좋더니
산색이 어둑어둑 비가 와도 멋지네
서호를 월 서시에 비유한다면
옅은 화장 진한 분 모든 것 다 어울린다네

原詩: 飮湖上初晴後雨 蘇軾

水光瀲灩晴方好 수광렴염청방호
山色空濛雨亦奇 산색공몽우역기
若把西湖比西子 약파서호비서자
淡粧濃抹總相宜 담장농말총상의

낙방시

강호의 고수들이 은둔해 있기를 기대하기는 어려울 터
승패의 결과에 초탈함이 호탕아 아닌가
때를 얻어 붓 휘두르니 귀신도 놀라게 하는 빼어남이라
영롱한 문채가 온 세상에 알려지겠네

落榜詩

江湖高手隱難期 강호고수은난기
超脫雌雄浩蕩兒 초탈자웅호탕아
揮筆得時驚鬼秀 휘필득시경귀수
玲瓏文彩萬邦知 영롱문채만방지

2016년 10월 초경

해설
2016년 가을 봉화 한시백일장에 난생 처음으로 참가했다 낙방하고 그 소회를 적은 시로 조나라 항우가 유방에게 패해 도주하다 오강烏江에 이르러 자진自盡한 고사를 소재로 한 두목의 제오강정 시를 차운했다. 그 시작詩作과 관련해 백일장 결과를 궁금해 하는 친구들에게 결과를 알려 주지 않을 수 없어 권토중래라는 문자를 보냈는데 나도 뒷날 갈고 닦아 세상을 놀라게 할 시를 짓겠다는 야심찬 포부를 밝힌 시다.

오강정에서

병가에서의 승패는 기약할 수 없는 일
수치를 견디고 참는 자가 바로 남아라네
강동의 자제들 중 호걸이 많은데
흙먼지를 말아 일으키듯 말을 몰고 다시 돌아올지 누가 알 수 있으리오

原詩: 題烏江亭 杜牧

勝敗兵家事不期 승패병가사불기
包羞忍恥是男兒 포수인치시남아
江東子弟多豪傑 강동자제다호걸
捲土重來未可知 권토중래미가지

어비리 낙조

붉은 옥 비단을 수놓아 외로운 띠 길게 늘어 있는데
석양빛 물에 되비춰 금비늘 번쩍이네
나무꾼 다니던 샛길은 어디에서 찾을까
돌이켜 생각해 보니 살찐 고기 여울에서 잡기 바쁜 좋은 때였지

魚肥落照

紅玉繡羅孤帶長　홍옥수라고대장
金鱗返照日斜彰　금린반조일사창
樵夫細路尋何處　초부세로심하처
回憶魚肥瀨獵忙　회억어비뢰렵망

2017 년 2 월 20 일

해설
용인 향토사학자이신 정양화 선생님의 어비낙조 시를 차운한 시로 어비낙조는 용인팔경 중 하나인데 1960 년경 어비리의 작은 개울을 저수지로 조성하면서 수몰된 주민들은 부근으로 옮겨갔는데 그렇게 생긴 이동저수지는 우리나라에서 두 번째로 크다 한다.

어비리 저수지의 낙조

저녁 노을 가로 빗기니 돛 그림자 길어지고
푸른 산 푸른 물이 하나로 붉게 물드네
저녁나절 붉은 해가 홀연 호수에 잠기니
귀갓길 촌동의 송아지 모는 소리 바쁘구나

原詩: 魚肥落照 鄭亮和

落照橫斜帆影長 낙조횡사범영장
靑山碧水一紅彰 청산벽수일홍창
夕陽忽盡湖中沒 석양홀진호중몰
歸路村童叱犢忙 귀로촌동질독망

매화 구경 후 느낀 바 있어

님을 만나러 천 리, 봄볕은 따스한데
계절을 바뀌게 하는 하늘의 덕은 어긋남이 없네
섬진강이 휙휙 지나치는데 흰 학은 한가롭고
지리산은 점점 다가오는데 푸른 옷에 수를 놓은 듯
서호의 고결한 선비는 향기를 쫓아 기거하였는데
남도를 구경한 사람들 그림자를 따라 되돌아가네
매화는 추위를 견뎌 내야 비로소 움을 터트리는 법
나라의 어려움도 극복해 웅비하였으면

探梅有懷

逢君千里暖春輝 봉군천리난춘휘
推季天公德不違 추계천공덕불위

蟾水迅過閑白鶴 섬수신과한백학
智山漸近繡靑衣 지산점근수청의
西湖高士逐香處 서호고사축향처
南道賞人隨影歸 남도상인수영귀
玉骨耐寒萌始綻 옥골내한맹시탄
國難克復願雄飛 국난극복원웅비

2017년 3월 24일

해설
3월 11일 광양 매화마을을 다녀와 지은 시로 최치원의 추일재경우이현기이장관 시를 차운한 시로 송宋의 임포林逋는 항주 서호 부근에 거처하며 매화와 학을 좋아해 매화를 아내로, 학을 자식으로 삼았다 해 매처학자梅妻鶴子란 말이 생겼는데 매화는 군자의 꽃으로 옥골玉骨, 청객淸客, 설백雪魄, 빙혼氷魂 등의 다른 이름이 있는데 작시 무렵은 헌법재판소의 대통령 탄핵결정과 검찰조사 및 조기대선 준비 등으로 시국이 몹시 어수선할 때였다.

가을에 우이현을 또 지나며 이장관에게

외로운 나그네 다시 여기서 신세를 지며
가을바람에 읊조리니 세상사 어그러짐 한스럽네
문 앞 버들잎은 벌써 시들고 새 잎 나건만
나그네는 아직도 작년 옷 걸치고 있네

은하수 같이 아득한 길 시름 속에 늙어 가는데
고향집은 안개에 막혀 꿈속에나 돌아갈까
우스워라 이내 몸은 봄철 사일社日 맞은 제비던가
화려한 들보 높은 집에 올해도 다시 날아왔네

原詩: 秋日再經旰貽縣寄李長官 崔致遠

孤蓬再此接恩輝 고봉재차접은휘
吟對秋風恨有違 음대추풍한유위
門柳已凋新歲葉 문류이조신세엽
旅人猶着去年衣 여인유착거년의
迷路霄漢愁中老 미로소한수중로
家隔煙波夢裏歸 가격연파몽리귀
自笑身同春社燕 자소신동춘사연
畵樑高處又來飛 화량고처우래비

유곡에게 부치다

티끌세상에 고요함과 한가로움이 넉넉하니
마치 그윽한 골짜기 초려에 거처함 같네
종이에 누가 조화를 부리는가
붓을 희롱해 용을 몰아가듯 써 내려가네

寄幽谷

塵世靜閑餘 진세정한여
如棲幽谷廬 여서유곡려
玉賤誰造化 옥전수조화
弄筆驅龍書 농필구룡서

2017년 5월 23일

해설

벗인 유곡의 호를 넣어 지어 준 시로 겸재 정선이 사천槎川 이병연李秉淵의 죽음을 애도하며 그 슬픔을 인왕제색仁王霽色이란 그림으로 표현했는데 이후 그 그림에 심환지가 제발題跋(그림의 감흥을 돋우기 위해 붙인 글인 제사題詞와 발문跋文을 일컬음)로 붙인 시를 차운했는데 원시가 칠언절구라 1구의 끝자가 운자인데 차운시는 오언절구로 지어 비록 1구의 끝자가 비운자이어야 하나 차운을 하느라 격식을 무시하고 운자로 배치했다.
겸재는 서울 태생으로 진경산수화眞景山水畵의 대가인데 여기서의 진경은 실경實景 또는 관념에 대비되는 개념으로 상상 속의 산수나 산수의 단순한 재현이 아니라 직접 보고 그리되 회화적 재구성을 통해 경관에서 받은 감흥을 구현한다는데 그 특색이 있다.
겸재는 5살 연상인 진경시의 사천과 사천이 시 한 수를 보내면 겸재는 그림 한 장을 그려 보내기로 시화환상간詩畵換相看(시와 그림을 바꾸어 서로 감상하도록 함)의 약조를 해 겸재는 한강 주변 서울 근교의 진경을 많이 그렸는데 그렇게 그린 경교명승첩京郊名勝帖 상·하 두 권이 간

송미술관에 소장되어 있다 한다.(최완수 저, 『겸재의 한양진경』, 동아일보사 참조)

인왕제색 그림의 제발시

삼각산 봄 구름 비 보내 넉넉하니
만 그루 소나무의 푸른빛 그윽한 집을 두른다
주인은 반드시 깊은 장막 아래에 앉아
홀로 하도와 낙서를 완상하겠지

原詩: 仁王霽色 題跋詩 沈煥之

華岳春雲送雨餘 화악춘운송우여
萬松蒼潤帶幽廬 만송창윤대유려
主翁定在深帷下 주옹정재심유하
獨玩河圖及洛書 독완하도급낙서

요염한 봄

어느 날 봄 경물이 요염했던가
절 섬돌 앞 복사꽃 필 때였지

바람 부니 향기 나무 끝에서 일어나고
달 떠오르니 옥이 가지에 걸려 있었네
잠시 틈내 소요하는 밤
오래 등 밝혀 매진하던 해였지
당시 같이 시험 공부하던 벗
홀연히 생각 나 하늘가 바라보네

艷春

何日艷春色　하일염춘색
桃花寺砌前　도화사체전
風來香杪發　풍래향초발
月出玉枝懸　월출옥지현
暫暇逍遙夜　잠가소요야
長燈邁進年　장등매진년
當時同擧友　당시동거우
忽憶望天邊　홀억망천변

2017년 6월 15일

해설
낙양 출신 당唐의 왕만이 강남지방 여행을 하면서 북고산 아래에서 하루 묵으며 다음 날 다시 배로 떠나기 전 장강의 정경을 노래한 차북고

산하 시를 차운한 시로 셋째 련이 인구人口에 회자膾炙되는 명구인데 40년 전쯤 청도 대산사에서 공부할 때의 기억을 되살려 지어 보았다.

북고산 밑에 묵으며

나그네 길은 푸른 산 너머인데
떠날 배는 푸른 물 앞에 있네
조수가 들어와 양쪽 강 언덕 넓어지고
바람은 잔잔한데 외로운 돛단배 하나
바다의 해는 밤이 다 가기 전에 떠오르고
강남의 봄은 한 해가 저물기도 전에 찾아오네
고향 편지를 어느 편에 보낼까
돌아가는 기러기 낙양까지 가련만

原詩: 次北固山下 王灣

客路靑山外 객로청산외
行舟綠水前 행주녹수전
潮平兩岸闊 조평양안활
風正一帆懸 풍정일범현
海日生殘夜 해일생잔야
江春入舊年 강춘입구년

鄕書何處達 향서하처달
歸雁洛陽邊 귀안낙양변

수월정을 지나면서

아득히 외진 곳 띠집 있는데
하늘의 은덕의 빛 어디에나 같다네
한 어리석은 사람 계절을 따라 즐거워했으니
궁벽한 곳에 누구를 본받으려 돌아왔는고
잠 깬 여울은 다시 시끄럽게 흐르는데
게으른 꽃은 오히려 숨어 눈에 띄지 않네
소나무 그늘에선 정신이 맑아지고
여름 장마는 처마에 이어 내리네
먼 곳 기러기 가을바람에 되돌아오고
늦가을 반딧불이 맑은 이슬을 의지하네
창 아래 촛불 밝혀 선정禪定을 구하는데
눈 속 사립문에는 발자국이 묻혀 있네
잘못 은하의 뗏목 타는 늙은이라 부러워 마라
오랜 유배생활의 어그러진 삶 어이 알리요
귀양 풀려 영의정까지 올랐으니
영고성쇠의 변화 헤아리기 어려워라

過水月亭

絶外茅茨子 절외모자혈
共餘天德暉 공여천덕휘
一愚隨季樂 일우수계락
窮僻效誰歸 궁벽효수귀
寤賴更流鬧 오뢰갱류뇨
懶花猶隱微 나화유은미
松陰神洒洒 송음신쇄쇄
梅雨樀霏霏 매우적비비
遠雁金風返 원안금풍반
殘螢玉露依 잔형옥로의
求禪窓下燭 구선창하촉
湮跡雪中扉 인적설중비
誤羨乘槎叟 오선승사수
豈知久謫違 기지구적위
解籬官領首 해리관영수
難計盛衰推 난계성쇠추

2017년 7월 12일 초복에

해설

충북 괴산의 산막이 옛길을 구경 갔다 노수신盧守愼 적소謫所(귀양처)인 수월정을 들렀는데 돌아와 찾아보니 공께서는 1543년 문과에 급제해 출사했다 을사사화에 연루돼 18년간 순천, 진도, 괴산에서 유배생활을 했는데 괴산에서는 풀리기 전 마지막 3년간 있었고 이후 1567년 선조가 즉위하자 다시 등용이 되어 벼슬이 영의정까지 올랐는데 그때의 거처가 1952년 괴산댐 축조로 수몰되는 바람에 지금의 위치로 옮겼다 한다.

이에 장시로 한 수 노래하면서 사령운의 석벽정사환호중작 시를 차운했는데 사령운은 남조南朝 송宋나라 시인으로 도연명과 같이 산수전원시의 비조鼻祖로 꼽히며 이후 후대의 시인들에게 많은 영향을 끼쳤다.

석벽정사에서 호수로 돌아와서

아침저녁으로 날씨는 변해도
산수는 언제나 아름답다
아름다운 경치가 사람을 즐겁게 하니
나그네는 편안해져 돌아가길 잊는다
아침 일찍 산골짝을 나왔는데
배에 오르니 벌써 해가 지려 한다
숲과 계곡은 어슴푸레한 저녁 빛을 보듬었고
구름과 노을은 석양빛을 모으고 있다
무성한 마름과 연은 서로를 비추고
부들과 돌피는 서로 붙어 기대어 있다
풀을 헤치며 남쪽 길을 급히 걸어
즐거운 마음으로 동쪽 사립문에 누웠다
생각 담담하니 세상사 절로 가볍고

마음 흡족하니 본성 어길 일 없다
섭생을 꿈꾸는 이에게 말하노니
어디 한번 이 도리로 세상 살아 보게나

原詩: 石壁精舍還湖中作 謝靈運

昏旦變氣候　혼단변기후
山水含淸暉　산수함청휘
淸暉能娛人　청휘능오인
遊子憺忘歸　유자담망귀
出谷日尙早　출곡일상조
入舟陽已微　입주양이미
林壑斂暝色　임학렴명색
雲霞收夕霏　운하수석비
芰荷迭映蔚　기하질영울
蒲稗相因依　포패상인의
披拂趨南徑　피불추남경
愉悅偃東扉　유열언동비
慮澹物自輕　여담물자경
意愜理無違　의협리무위
寄言攝生客　기언섭생객
試用此道推　시용차도추

어부가

낚시터 위 푸른 하늘에 한 마리 백로 날고
벼 향기 나는 맑은 물엔 뛰는 고기 살져 있네
바람은 물가에 점점 잔잔해지고 이슬은 옷에 젖어 드는데
서산에 달 지도록 돌아가지 않네

漁父歌

垂釣靑空隻鷺飛 수조청공척로비
稻香白水躍魚肥 도향백수약어비
風衰渚　露濕衣 풍쇠저　로습의
西山落月不須歸 서산낙월불수귀

2017년 8월 23일

해설

당대 장지화의 어부가 연시 5수 중 한 수를 차운한 시로 장지화는 이 시로 조선釣仙의 반열에 올랐는데 낚시하면 주대周代 강태공姜太公과 후한後漢의 은사인 엄자릉嚴子陵이 유명한데 엄자릉은 조대釣臺란 낚시터에서 양가죽 배자를 입고 낚시해 양구노인羊裘老人이라 불렸다 한다.

어부가

서새산 앞 해오라기 날고
복숭아꽃 물에 흐를 때면 쏘가리가 살찐다
푸른 대삿갓에 푸른 도롱이
빗겨 부는 바람과 부슬비에도 돌아가지 않는다

原詩: 漁父歌 張志和

西塞山前白鷺飛 서새산전백로비
桃花流水鱖魚肥 도화유수궐어비
靑蒻笠　綠蓑衣 청약립　녹사의
斜風細雨不須歸 사풍세우불수귀

부모님 생각에 고향 쪽 바라본다

오래 살았던 초계를 떠나
이끌리어 풍각에 이르렀네
이슬 밟히는 계절 문득 부모님 생각 일어
남쪽으로 줄지어 나는 기러기 떼 바라본다
화양 가는 길엔 옥 같은 홍시 이어 열렸고
옥산 마루에는 비단 같은 노을 걸려 있겠지
초가집으로 겨울바람 매서웠고
빈 광주리에 나물 캘 들판조차 멀었을 테지

노력 기울여 빈손으로 큰 성공 이루어
비단옷 입고 돌아와 잔치 자리 둘러앉았네
흩어져 있던 조상 묘 한데 모으니
사시사철 햇살 내리쬐는 명당이로다
만 가지 열매들 한 뿌리에서 비롯되었으니
형제 집안 간 정리 어찌 변할 수 있으리오

望鄕思親

久居離草溪 구거이초계
導至角中縣 도지각중현
履露起懷親 이로기회친
南飛行雁見 남비항안견
華街連柿瓊 화가연시경
玉嶺掛霞練 옥령괘하련
茅屋烈陰風 모옥열음풍
乏筐遙茶甸 핍광요채전
傾心赤手功 경심적수공
還座錦衣宴 환좌금의연
置散聚孤塋 치산취고영
鋪陽嵐與霰 포양남여산
萬枝實一根 만지실일근
花樹情那變 화수정나변

2017년 11월 7일

해설

돌아가신 부모님 생각에 고향을 그리며 지은 시로 거성去聲 운인 사조의 만등삼산환망경읍 시를 차운했는데 선대께서는 약 6대 전에 합천 초계에서 나와 청도 풍각豊角으로 이거했는데 풍각은 각남角南과 각북角北의 가운데 위치해 있고 화양華陽은 청도읍 방면에 있으며 옥산玉山은 대산臺山이라고도 불리는데 40여 년 전 본인이 공부를 했던 대산사절이 고개 넘어 있다.

2013년 봄 부친께서 풍각 주위에 흩어져 있던 선대 묘 전부를 차산동네 입구의 농공단지 뒤 동산에 화장 후 이장을 해 집안 묘원을 조성했는데 그해 가을 아버지께서 돌아가시고 이후 어머니도 2016년에 돌아가셔 그곳에 함께 잠들어 계시는데 풍각으로 이거한 집안의 후손들이 각 지방에 흩어져 살면서 격년으로 풍각 주위에, 요즘은 주로 가족묘원에 모여서 집안의 우의를 도모하고 있다.

사조는 남조 제齊나라 사람으로 사령운의 영향을 받아 산수시에 뛰어났는데 아래의 원시는 사조가 선성태수로 떠나기 전 실질적 고향인 수도 남경을 바라보며 쓴 시로 1,2구는 왕찬王粲의 칠애시七哀詩와 반악潘岳의 하양현작시河陽縣作詩를 전고典故로 사용해 왕찬이 파수 가에서 장안을 둘러보았듯, 반악이 하양에서 목을 빼고 바라보았듯 사조 자신도 그렇게 도성을 바라보고 있다는 의미다.

저녁에 삼산에 올라 남경을 돌아보며

파하 가에서 장안을 바라보고

하양에서는 낙양을 바라본다
햇빛에 날 듯한 지붕의 기와들
들쑥날쑥 반짝이며 한 눈에 보인다
지는 노을 비단처럼 넓게 퍼졌고
맑은 강물 무명처럼 고요히 흐르네
소란스런 새소리 모래섬을 뒤덮고
온갖 꽃들 향기 내며 들판에 가득하다
한창 머물고 싶으나 떠나게 되나니
끝나 버린 즐거운 잔치 그리워진다
좋은 시절은 언제 다시 오려나
싸락눈 쏟아지듯 눈물이 흐르누나
정이 있는 사람이면 고향이 그리운 법
그 누가 검은 머리 세지 않겠는가

原詩 : 晩登三山還望京邑 謝朓

灞涘望長安 파사망장안
河陽視京縣 하양시경현
白日麗飛甍 백일려비맹
參差皆可見 참치개가견
餘霞散成綺 여하산성기
澄江靜如練 징강정여련
喧鳥覆春洲 훤조복춘주

雜英滿芳甸 잡영만방전
去矣方滯淫 거의방체음
懷哉罷歡宴 회재파환연
佳期悵何許 가기창하허
淚下如流霰 누하여류산
有情知望鄕 유정지망향
誰能鬢不變 수능진불변

섣달 그믐날 밤

탈 없이 한해 보냈음에도 쉽게 잠 못 이루는 것은
새해 인사 오는 시집간 딸 떠오르는 추억 때문이라
하루 사이 흰 귀밑털 늘어 감은 정말 서글프지만
어린 손녀 때맞춰 자라가니 기뻐 뛸 일이로세

除夜

過歲無辜不易眠 과세무고불이면
禮來嫁女憶紛然 예래가녀억분연
可憐一日加衰鬢 가련일일가쇠빈
歡躍兒孩長及年 환약아해장급년

2017년 12월 31일

해설

고적이 섣달 그믐밤에 여관에서 고향을 그리워하며 지은 제야작을 차운한 시로 4째 구의 환약은 환호작약歡呼雀躍의 준말로 기뻐 소리 지르며 풀쩍풀쩍 뛴다는 의미다.

제야에 짓다

여관의 차가운 등불 아래 홀로 잠 못 이루니
나그네 심사 무슨 일로 더욱더 처연해지는가
고향에선 오늘 밤 천 리 밖을 생각하겠지
하얗게 세어 버린 살쩍 내일 아침이면 또 새로운 한 해라네

原詩: 除夜作 高適

旅館寒燈獨不眠 여관한등독불면
客心何事轉凄然 객심하사전처연
故鄕今夜思千里 고향금야사천리
霜鬢明朝又一年 상빈명조우일년

두 별이 문채를 발하다

옛날 성당의 때를 생각해 보니
쌍성이 빛을 더하는 시절이었지
세 차례 꿈같은 산수 간의 만남에
한평생 서로를 그리며 떨어져 지냈지
꽃과 달을 벗하며 취했고
괴로움과 추위를 짝 삼아 슬퍼했네
빼어난 가락 천상에서 사라졌지만
아름다운 노래 온 세상을 둘렀도다
표일하니 귀양 온 신선의 기풍이요
진충하니 나라를 걱정하는 가사라
누가 어리석게 이백과 두보를 비교하는가
시 세계의 용과 봉인 것을

雙星發文彩

憶昔盛唐代 억석성당대
雙星益照時 쌍성익조시
登臨三夢會 등림삼몽회
回顧一生離 회고일생리
花月作朋醉 화월작붕취
苦寒成偶悲 고한성우비
殊音空玉宇 수음공옥우
和韻遍邊夷 화운편변이

飄逸謫仙氣 표일적선기
盡衷憂國辭 진충우국사
誰癡量李杜 수치량이두
龍與鳳壇詩 용여봉단시

2018년 1월 21일

해설

이백과 두보에 대한 시를 지어 보려 시도하고 그만두기를 거듭하던 중 오래전 구입했던 백거이의 시집(김재승 저, 『백락천시연구』, 명문당, 1991년)을 보다 이백과 두보에 대해 지은 오언배율五言排律인 독이두시집인제권후 시를 발견하고 차운으로 하룻밤 사이 지었다.

3구의 등림은 산에 오르고 물가에 임하다 뜻의 등산임수登山臨水의 준말로 이백과 두보는 생애에 3번 만나 아름다운 시간을 가진 후 헤어져 서로를 그리며 많은 시를 남겼는데 7구의 옥우는 천제가 사는 궁전으로 하늘나라를 지칭하며 이백이 하계로 내려온 후 이하李賀가 하늘나라 백옥루白玉樓의 준공 축하시를 짓기 위해 27세의 젊은 나이에 급히 차출되었다는 이야기가 전해 온다.

아래 원시 1구의 한림은 한림학사翰林學士를 말하고 2구의 원외는 검교공부원외랑檢校工部員外郎을 말하는데 두 시인이 한 때 맡았던 직책이며 같은 1구의 강좌는 장강의 왼쪽 어느 지방인 것으로 보이나 정확히는 알 수 없고 2구의 검남은 당시 두보가 성도윤成都尹겸 검남동서천절도사檢南東西川節度使인 엄무嚴武의 추천으로 위 원외랑이 되고 종전 살았던 성도成都의 완화계浣花溪 초당草堂으로 되돌아온 사실에 비추어 볼 때 그 완화계 초당이 아닐까 생각된다.(장기근 편저, 『중국고전한시인선 2 두보』, 태종출판사 참고)

이백 두보의 시집을 읽고 책 뒤에 적다

이한림(이백)이 강좌에 있는 동안
두원외(두보)는 검남에 있었도다
높은 관직을 얻지 못했고
여전히 난리를 만나 괴로웠네
만년에 나그네의 한을 품었고
뜬구름 같은 세상에 귀양 온 신선의 슬픔을 새겼네
지은 노래는 천년을 흐르고
명성은 온 세상에 떨쳤네
문단에는 아름다운 시구를 바치고
악부에서는 새로운 노래를 기다렸네
하늘의 뜻이 그대들을 만나게 했으니
사람들이 좋은 시를 즐기게 함이었으리

原詩: 讀李杜詩集因題卷後 白居易

翰林江左日 한림강좌일
員外劍南時 원외검남시
不得高官職 부득고관직
乃逢苦亂離 내봉고난리
暮年逋客恨 모년포객한
浮世謫仙悲 부세적선비

吟詠流千古 음영류천고
聲名動四夷 성명동사이
文場供秀句 문장공수구
樂府待新辭 악부대신사
天意君須會 천의군수회
人間要好詩 인간요호시

흥에 겨워

한시백일장 시험공고 봄빛을 따라오는데
일취월장해 회를 거듭할수록 영롱한 수 놓은 듯하네
귀신이 알려 주는 구절처럼 그저 취할 생각은 없다네
아름답고 교묘한 시구 습작으로 찾아내 필히 장원 하사주
마시리라

漫興

科詩諸榜逐春來 과시제방축춘래
日就玲瓏繡累回 일취영롱수루회
念外取空神下句 염외취공신하구
耕姸釣巧壯元杯 경연조교장원배

2018년 2월 28일

해설

3구의 신하구神下句는 이규보의 백운소설에 나오는 정지상의 이야기로 정지상이 절에서 공부할 때 하루는 허공에서 시 읊는 소리가 들려오는데 아래 하운다기봉 시의 3,4구의 내용이라 혼자서 귀신이 노래했나 생각하던 중 뒷날 과거를 볼 때 시제로 하운다기봉이 나오자 과거 절에서 들었던 구절이 떠올라 위 시를 지어 등과했다는 것으로 시관이 특히 3,4구가 빼어나다 극찬했으나 그 구절을 귀신이 알려준 것임은 미처 몰랐을 것이라는 내용이다.(정민 저, 『한시미학산책』, 솔 참고)
아래에 두보의 원시와 정지상의 시를 같이 소개하겠는데 원시는 두보가 성도의 초당에 있을 때 지은 시로 안록산의 반란으로 장안을 떠나 각지를 전전하던 그전까지의 고생은 뒤로하고 정착생활의 여유가 보이는데 작가에 있어서의 봄은 그런 생활의 안정과 마음의 여유가 아닐까 그래서 이제부터라도 술이나 마음껏 마셔야겠다고 안도하는 넷째 구의 표현에서 연민의 정마저 느껴진다.

흥에 겨워

이월이 벌써 가고 삼월이 오는데
늙어감에 몇 번 더 봄을 맞을 수 있을까
몸 밖의 여러 일들은 생각지 말고
살아 생전 한정된 술이나 마저 들리라

原詩: 漫興 杜甫

二月已破三月來 이월이파삼월래
漸老逢春能幾回 점로봉춘능기회
莫思身外無窮事 막사신외무궁사
且盡生前有限杯 차진생전유한배

여름 구름에 기이한 봉우리가 많네

대낮 중천에
뜬구름 절로 봉우리 만드네
중은 보고서 절이 있는가 의아해하고
학이 보더니 소나무가 없다고 한스럽게 여기네
번개는 나무꾼의 도끼처럼 번쩍이고
천둥소리 절간의 종소리를 덮어 버리네
그 누가 산은 움직이지 않는다 말했던가
저녁노을 바람에 휙 날아가 버렸네

夏雲多奇峰 鄭知常

白日當天中 백일당천중
浮雲自作峰 부운자작봉

僧看疑有刹 승간의유찰
鶴見恨無松 학견한무송
電影樵童斧 전영초동부
雷聲隱寺鍾 뇌성은사종
誰云山不動 수운산부동
飛去夕陽風 비거석양풍

서예작품을 보다

즐비한 액자 속 서화 실컷 감상했는데
난정서첩이 무덤에서 나왔나 초광이 되살아났는가
달 아래 어느 가지에서 남몰래 향기 퍼져 나가며
상엔 향로도 없는데 무슨 일로 연기 피어오르나

觀書

額林書畵目饒甞 액림서화목요상
蘭帖出陵蘇草狂 난첩출릉소초광
下月那枝香暗發 하월나지향암발
上煙何事闕鑪床 상연하사궐로상

2018년 6월 11일

해설

그저께 인사동에 있는 한국미술관에서 전시 중인 제30회 대한민국 서예대전 작품 전시회에 벗인 유곡이 행서行書부문 입선을 해 가서 감상을 했는데 두보의 강반독보심화 시를 적어 그 시를 차운해 지었다.

서체별 한문과 한글 서예작품 외 사군자 등 문인화도 전시되었는데 2구와 관련해 왕희지王羲之의 난정서蘭亭序는 당 태종이 애호해 무덤에 같이 묻혔으며 초서草書의 대가를 광초狂草라 하는데 (시에서는 운을 맞추려 도치시켰다) 전장취소顚張醉素라 병칭되어지는 당대의 장욱張旭과 회소懷素가 여기 해당되며 4구는 한시에서 실낱 같이 향불 연기가 피어올라 감도는 모양이 마치 꾸불꾸불한 전자篆字의 모양과 같다는 표현이 많이 있어 그 반대로 액자 속 전자를 향연香煙으로 비유해 보았다.

강가 홀로 걸으며 꽃을 찾다

강가의 복사꽃 너무 좋아 떨칠 수 없고
이 아름다움 알릴 길 없어 미칠 것만 같아
내달려 남쪽 고을 술친구를 찾았더니
열흘 전 술 마시러 나가 침상만 남아 있네

原詩 : 江畔獨步尋花 杜甫

江上桃花惱不徹 강상도화뇌불철
無處告訴只顚狂 무처고소지전광
走覓南隣愛酒伴 주멱남린애주반

經旬出飮獨空床 경순출음독공상

연꽃이 핀 가을날 벗에게 보낸다

황하의 잉어가 용문을 올라 세상에 떨치기를 바라는데
얼마나 오래도록 외진 못에서 칩거해야만 하리
평생을 주님 안에서 그 뜻 따라 행하려 했으니
그 손 잡고 구름을 뚫고 필시 되돌아오리라

蓮秋寄友

河鯉登龍振世期 하리등룡진세기
幾何長久蟄隈池 기하장구칩외지
一生內主遵行志 일생내주준행지
携手穿雲必返時 휴수천운필반시

2018년 9월 11일

해설
보니가 싱가포르, 말레이시아, 인도 등 동남아에 열흘 남짓 예정으로 출장을 갔는데 가기 전 장도 축하시를 출장 중 올리기로 했으나 시상이 잘 떠오르지 않아 지체하다 이제야 돌아오기 전에 급히 이상은의 야우기북 시를 차운해 한 수 지어 보았다.

황하 상류에 용문龍門이라는 물살이 급한 곳이 있는데 그 곳을 잉어가 뛰어넘어 올라가면 용이 된다는 이야기에서 등용문登龍門이란 고사성어가 생겨났는데 일관된 믿음의 벗 보니가 용이 아니라 용을 창조하고 부리고 제압하시는 천주天主님의 가호로 그 손을 잡고 구름을 뚫고 내려오듯 이번 출장길에 큰 결실이 있으리라는 염원을 담아 보았다.

이상은의 원시에 대해 보통 아내에게 보낸 시로 알고 있고 그래서 그 제목을 야우기내夜雨寄內라 한 데도 있으나 이상은은 40살때 아내인 왕씨와 사별하고 아내 사후 6개월 뒤 사천지방 지방장관의 청으로 그 막료가 되어 5년 가량 사천 삼대현(당시는 재주라 불렀다)에 머물렀는데 그때 장안의 친구가 언제 돌아오느냐고 묻는 편지에 답장으로 지은 시라고 한다.(모리평 저 최석원 역, 『당시 그 아름다움에 대하여』, 경북대학교출판부 참고)

밤비 내리는 날 북쪽(장안)으로 보낸다

돌아갈 기약 그대는 묻지만 아직 그 날 정할 수 없소
지금 이 파산엔 밤비 내려 가을 연못 가득 넘친다오
언제나 서창의 촛불 심지 둘이 함께 자르면서
파산의 밤비 오는 이때를 낱낱이 다 이야기하게 될까

原詩: 夜雨寄北 李商隱

君問歸期未有期 군문귀기미유기
巴山夜雨漲秋池 파산야우창추지
何當共翦西窓燭 하당공전서창촉
却話巴山夜雨時 각화파산야우시

장강과 황하

중국 땅을 위, 아래에서 가로질러
동으로 멀어지는 돛배와 하늘가 흐르네
웃고 떠들어대는 정情 함께 띄워서
호종하는 경景과 두루 내달리네
신녀神女의 꿰찬 구슬 아리땁고
적선謫仙은 둥근 달에 취하는데
삼만 리 물길에 서린 애환
붓을 들어 누가 펼쳐 이어 줄까

江河

上下橫秦地 상하횡진지
東流遠帆天 동류원범천
笑喧情共泛 소훤정공범
扈從景周旋 호종경주선

神女嬌珠綴 신녀교주철
謫仙醉月圓 적선취월원
哀歡三萬里 애환삼만리
擧筆敍誰連 거필서수련

2021년 10월 15일

해설

김영사에서 출간한『중국한시기행』「장강·황하편」의 저자인 김성곤 교수가 황하여행을 마무리하면서 지은 시인 송황하를 차운한 시다.
4구의 호종은 임금의 행차를 모시어 쫓는 것을 말하는데 따라서 4구 전체는 물길을 따라 주위의 아름다운 경치가 이어지는 것이 마치 신하가 줄지어 늘어서 임금을 호종하는 것과 같다는 표현이고 5구는 조식의 낙신부에 나오는 낙수洛水의 신 복비宓妃의 모습이며 6구의 적선(귀양 온 신선)은 물론 이백을 말하고 7구와 관련해 장강은 약 6,300킬로미터이고 황하는 약 5,500킬로미터 길이라 삼만 리로 표현했으며 8구와 관련해『중국한시기행』저서로 내가 읽기로는 허세욱교수의『중국문학기행』(중앙일보사, 1995년)과 금장태의『산해관에서 중국역사와 사상을 보다』(효형출판, 1999년)와 김준연의『중국 당시의 나라』(궁리, 2014년)가 있고 김성곤의『중국한시기행』「장강·황하편」(2021년)이 이어 출간되었다.

황하를 보내며

본시 천상의 물이었으니
응당 하늘 밖 하늘로 돌아가는 것
높은 초원에 아홉 구비로 아름다웠던 그대
대협곡에서는 만 마리 용으로 내달렸었지
함께 마시던 옛 나루터의 밤
손잡고 바라보던 둥근 지는 해
그대 어느 마을 지체하며 흘러가시는가
웃음소리 꿈속에 아득히 이어지는데

原詩: 送黃河 金成坤

本是天上水 본시천상수
應回天外天 응회천외천
高原九曲妙 고원구곡묘
大峽萬龍旋 대협만룡선
共飮古津夜 공음고진야
携看落日圓 휴간낙일원
何鄕君滯去 하향군체거
笑韻夢中連 소운몽중련

제2장 定韻詩

송구영신

어제와 오늘이 하루로서의 길이는 비록 동일하지만
송구영신하는 섣달그믐과 새해 첫날이 오히려 다름을 알겠네
희화가 제석除夕의 해 저물게 할 때 사악함도 함께 내려놓고
옥계는 원단元旦의 아침 밝힐 때 바른 기운을 찾아 같이 옮기네
지난해 많은 사람을 힘들게 했던 시기심 모두 없어지기를 바라며
새해에는 스스로를 온전케 해 자애로운 마음 넘쳐나길 기대하네
날씨 고르고 대지 기름져 필시 풍년의 노래 부르리니
이런 넉넉함과 여유로움 북쪽 땅까지 이어져 한민족 모두가 즐거워했으면

送舊迎新

短長雖等昨今時 단장수등작금시
送舊迎新尙異知 송구영신상이지
落日伴邪羲和降 낙일반사희화강
暾陽搜正玉鷄移 돈양수정옥계이

去年苦衆猜消望 거년고중시소망
來歲全私愛溢期 내세전사애일기
調候肥坤歌擊壤 조후비곤가격양
寬饒連北擧韓怡 관요연북거한이

2015년 12월 31일

해설

중국 전설에 의하면 태양은 동방의 천제였던 제준의 아내 희화가 낳은 것으로 본래는 열 개였는데 그 해들은 동방의 바다 밖 흑치국의 북방에 있는 탕곡湯谷이란 곳, 그 가운데서도 부상扶桑이라는 높이와 둘레가 수천 길에 달하는 나무에 산다고 하는데 그 부상 꼭대기에는 옥계玉鷄라는 닭이 있어 그 옥계가 동틀 때가 되어 울면 도도산의 거대한 복숭아나무에 사는 금계金鷄가 울고 금계가 울면 명산대천에 있는 석계石鷄가 울고 석계가 울면 천하의 모든 닭들이 따라 우는데 그 울음을 신호로 희화가 해를 바닷물에 깨끗이 씻어 여섯 마리 용이 끄는 수레에 태워 우주공간을 달리다 비천悲泉에 이르러 해를 내려주고 이후 해가 스스로 몽곡蒙谷으로 들어갈 때까지 지켜보다 되돌아가 이후 매일 다른 해들을 교대로 수레에 태워 달리는데 이렇게 해서 하루가 시작되고 끝나게 되는데(원가 저 정석원 역, 『중국의고대신화』 문예출판사 참조) 위는 세모와 신년의 일몰, 일출을 옛 중국 신화를 빌어 묘사한 다음 새해의 바람과 각오, 더 나아가 풍년과 남북통일까지를 기원하며 지은 시다.

앞서의 이야기를 계속하자면 그러다 하루는 열 개의 태양이 한꺼번에 떠오르기로 장난을 해 세상을 크게 혼란시켰다. 이에 제준이 활의 명수인 예羿를 하계로 내려보냈는데 이때 처인 항아姮娥를 데리고 지상으로 내려온 예는 겁만 주지를 않고 활을 쏘아 9개의 해늘을 숙게 해 제준의 노여움을 사 신적이 박탈되어 하늘로 다시는 올라갈 수가 없게 되었는데 그러다 우연히 곤륜산의 서왕모로부터 불사약을 구하였으나 둘이 먹기에는 그 양이 충분치 않아 보관을 하고 있던 중 항아가 몰래 그 약을 훔쳐 먹은 뒤 남편에게 발각될 것이 두려워 달로 달아나 이후 지금껏 항아는 달에서 혼자 외롭게 살고 있다 하는데 이백의 파주문월把酒問月 시에도 그런 구절이 나온다.

밤에 낚시 드리우다

바람 자고 이슬 젖어 점점 어둠이 더하는데
못가 낚시하는 늙은이 자적함이 아름답네
은하수 그림자 물에 비치니 물오리가 두려워 숨어들고
북두성 별빛 비끼니 연꽃이 자랑하러 자태 드러내네
우는 고라니는 잃은 짝이 아니라 가지에 깃든 새를 깨우고
물에 잠긴 낚싯줄은 고기가 아니라 물에 떠 있는 달을 낚네
어슴푸레한 안개 서서히 사라지니 거울 같은 맑은 수면의
새벽이 찾아오는데
갈대숲에 날아드는 해오라기 바라보니 문득 집에 돌아가고픈
마음 일어라

夜中垂釣

風衰露濕漸冥加 풍쇠노습점명가
釣叟池邊自適佳 조수지변자적가
倒影銀河鳧隱懼 도영은하부은구
斜暉北斗藕呈誇 사휘북두우정과
鳴麋莫隻枝禽寤 명미막척지금오
浸縷非魚水月拏 침루비어수월나
軟霧徐消明鏡曙 연무서소명경서
投蘆看鷺欲還家 투로간로욕환가

2016년 2월 13일

해설
용인 원삼면에 있는 고초골낚시터(일명 학일저수지)에 셋째 형과 밤낚시를 더러 갔었는데 그때의 분위기와 정경을 노래했다.

달

너른 땅에 은빛 깔려 달은 하늘에 높은데
곳곳마다 어느 사람이나 뒤쫓아 비춰 만나네
태백을 유혹해 빠뜨리러 채석강에 떠 있었고
동파를 위로해 어루만지러 임고정에 걸렸었네
눈이 골짜기 덮을 때 빛을 보태 기러기를 인도하고
바람이 물결을 칠 때 그림자 흩어지니 옥구슬이 부서지네

다만 아쉬운 것은 봄밤 꽃 아래를 거닐 때
아름다운 자태 부끄러움에 구름 뒤 가리고 달아나려는 것이네

月

銀鋪萬頃月天高 은포만경월천고
處處人人逐映遭 처처인인축영조
太白誘翻浮採石 태백유번부채석
東坡慰撫掛臨皐 동파위무괘임고
添光導雁雪蒙谷 첨광도안설몽곡
散影碎瑤風擊濤 산영쇄요풍격도
但惜春宵花下步 단석춘소화하보
背雲嬌態愧遮逃 배운교태괴차도

2016년 2월 27일

해설
3,4구와 관련해 이백이 술에 취해 채석강採石江 물에 비치는 달을 만지러다 빠져 죽었다는 이야기와(물론 사실이 아니다) 소식이 황주로 귀양 가 동파거사東坡居士로 자처해 지내면서 때마침 찾아온 친구와의 뱃놀이를 즐길 때 역시 달이 떠 있었는데 그때의 감회를 전,후적벽부前,後赤壁賦로 노래하였다.

59

작시에 느끼는 바

시인의 시 지음 지극히 어렵게 완성되어지는데
귀신을 울리고 놀라게 하기 위해서는 매양 정성을 다해야 한다네
시어를 가려내러 두보에게 배우기 위해 책 속에서 만나고
시상을 다듬으러 이백에게 구하기 위해 꿈속에서 맞이한다
소박한 마음으로 흰 달 읊으며 경景을 펼치고
호탕한 기상으로 푸른 산 노래하며 정情을 드러내네
자나 깨나 애태우고 심혈 기울여 겨우 한 수를 얻었는바
삿됨 없는 고아한 흥취 그 의미가 한가롭고 맑다네

作詩感懷

作詩騷客至難成　작시소객지난성
泣鬼驚神每盡誠　읍귀경신매진성
學聖字抽書裏會　학성자추서리회
求仙想鍊夢中迎　구선상련몽중영
素心皓月吟陳景　소심호월음진경
豪氣靑山詠見情　호기청산영현정
寤寐焦勞纔一首　오매초로재일수
無邪雅趣意閒淸　무사아취의한청

2016년 4월 9일

해설

작시를 즐거운 괴로움으로 표현한다. 한 수의 시를 짓기 위해 많은 고통과 열정을 필요로 한다는 말이다. 맹교孟郊는 살아서 한가한 날 결코 없으니 죽어야만 시를 읊조리지 않겠네(生應無暇日 死是不吟詩, 생응무가일 사시불음시)라고 해 작시의 열정을 토로했는데 시를 지을 때 너무 고심했기 때문에 사람들은 그를 시에 갇힌 사람이라 해 시수詩囚로 불렀고 가도賈島 역시 퇴고推敲의 고사처럼 너무 시구에 골몰한 나머지 경조윤京兆尹 한유韓愈를 태우고 가던 가마를 가로막았다는 이야기가 전해 오며 그리고 시를 짓는 고질병은 편작扁鵲이 열이라도 고칠 방도가 없는 시벽詩癖이라 하기도 하고 또한 시 귀신인 시마詩魔에 씌웠다고도 한다.

버드나무

못가 늘어진 버드나무 맑은 그늘을 만드니
가지를 옮겨 다니는 새와 우는 매미 샘내듯 다투어 찾네
천 줄기로 땅을 쓰는 한창인 여름을 만나
일만 버들개지 공중에 날리던 깊었던 봄을 회상해 보네
괴롭게 헤어질 때 가지를 꺾는 것은 슬픔을 삼키려는 뜻이요
한가히 기거하면서 그대(버드나무)를 심는 것은 정靜함을
기탁하려는 마음이라
스스로 호 삼은 도연명은 평생토록 매우 사랑했었는데

실컷 관상하느라 저녁놀 임한 줄도 몰랐다네

柳

沼邊垂柳作淸陰　소변수류작청음
遷鳥鳴蟬妬競尋　천조명선투경심
拂地千絲當夏盛　불지천사당하성
飄空萬絮憶春深　표공만서억춘심
苦離折格呑悲意　고리절각탄비의
閒處栽君託靜心　한처재군탁정심
自號淵明終愛甚　자호연명종애심
不知賞盡暮霞臨　부지상진모하림

2016년 4월 23일

해설

도연명은 집 앞에 다섯 그루 버드나무를 심고 자전적 글인 오류선생전 五柳先生傳을 지었는데 중국에서는 헤어질 때 버드나무 가지를 꺾는 풍속이 있고 이에 절양류折楊柳라는 곡조가 생겼다.

다시 찾은 무릉계곡

무릉계곡을 일찍이 잠시 엿보았는데

딸 대신 아내 데리고 다시 찾아 오르네
둥지 떠나 다 날아가 우는 학 끊어졌고
꽃술 쫓아 모두 모이니 일하는 벌 늘어나네
땅에 솟은 뭇 봉우리 에워싼 구름 담담하고
창공에 걸린 쌍 폭포 날리는 물방울 맑다네
귀밑머리 희도록 세월 흘렀건만 산수는 옛 그대로
도원의 옥 같은 물에 가슴속 먼지 씻어보네

再訪武陵溪谷

武陵溪谷暫窺曾　무릉계곡잠규증
替女携妻再訪登　체녀휴처재방등
飛盡離巢鳴鶴絶　비진이소명학절
聚皆逐蕊務蜂增　취개축예무봉증
群峰聳地圜雲澹　군봉용지환운담
雙瀑懸空颺溜澄　쌍폭현공양류징
霜鬢經年泉石似　상빈경년천석사
桃源玉水洗塵膺　도원옥수세진응

2016년 5월 23일

해설
18년 전 당시 중학교 2년이던 딸과 갔던 무릉계곡을 금년 봄 다시 처와 찾았는데 두타, 청옥산 사이 계곡의 반석에 새긴 양사언楊士彦의 글

과 삼화사, 학소대, 쌍폭, 용추폭포 등 풍광은 예전 그대로인데 세월이
흘러 딸도 이제 33살, 돌 지난 한 딸의 엄마가 되었는바 이에 감흥이
일어 시 한 수를 적는다.

오일장

한반도에 전해 오는 풍속인 오일장이 열렸는데
천변에 이어진 일산, 진을 편 듯 보이네
느긋한 걸음으로 가고 오니 가게 길은 좁고
거리낌 없는 말로 팔고 사니 시장의 인정 넉넉하네
농, 공산물은 구분되어 있어 찾기가 쉬운데
산과 바다에서 거둬들인 상품들 섞여 있어 고르기 어렵네
한가한 늙은이 어슬렁거리며 장 구경하다 옛 벗을 만나
해질녘 다 되도록 술잔 나누며 서로의 즐거움 다하는구나

五日場

設場五日俗傳韓 설장오일속전한
列傘川邊布陣看 열산천변포진간
緩步往來商路隘 완보왕래상로애
放談賣買市情寬 방담매매시정관
農工産物區搜易 농공산물구수이

山海收財混擇難 산해수재혼택난
閒老玩徊逢故友 한로완회봉고우
近昏酬酌盡相歡 근혼수작진상환

2016년 6월 11일

해설
용인 시내를 흐르는 금학천金鶴川 천변 위 길에 각 5일, 10일에 오일장이 열린다.

종강을 맞아 지암 류선생님에게 올리는 시

혼자서 안다는 건 한도가 있어 배워서 더하고 보태야 하는데
시를 알도록 하신 스승님의 은혜 가히 우러러 바라볼 만하도다
뒷사람에게 베풀어 가르침에 두루 하지만 힘을 다해 하시고
앞서의 작품을 모아 편찬함에 넓게 하지만 기준은 엄밀히 하셨네
자애로운 노모를 오래 봉양하니 품은 정 두텁고
아름다운 구절 때때로 지으니 드러나는 성품 고요하네
감사의 뜻 보답하려 진심을 다해 삼가 지어 바치는바
학처럼 고고하게 오래 사셔서 즐거움과 영예로움 겸해 누리소서

當終講 智嚴 柳先生任前 獻詩

獨知有限學加添 독지유한학가첨
解律師恩可仰瞻 해율사은가앙첨
施教後生周力盡 시교후생주력진
收編先作博規嚴 수편선작박규엄
慈親久奉懷情厚 자친구봉회정후
佳句時成顯性恬 가구시성현성념
答謝衷心恭述獻 답사충심공술헌
同齡如鶴樂譽兼 동령여학락예겸

2016년 6월 25일

해설

2015년 12월부터 2016년 7월 초까지 지암 류동렬 선생님으로부터 뚝섬유원지 자벌레관에서 단독으로 한시를 배웠는데 격주로 1시간씩 하되 그 사이의 한 주 동안의 과제로 시제와 운자 여섯을 받아 (칠언율시에는 운이 다섯만 필요한데 하나는 추가로 선생님께서 조카 자로 배려하셨다) 이로 칠언율시를 지어 다음 주 수업 전에 검사 받는데 이렇게 해 평성운平聲韻의 30 운통韻統 모두로 시를 지었는바 아래 백일장시를 제외하고 앞에 소개한 정운시定韻詩 모두는 그 결과물인데 위 시는 종강 직전에 과제로 지은 시인데 물론 시제는 본인 스스로 정했다.

가을날 봉서루에 올라

이제야 명승이라는 봉서루에 오르니
눈에 보이는 경치마다 좋아 보이는 구월의 가을을 맞았네
난간 밖 물드는 단풍나무의 자취는 고개를 넘어가고
처마 가 나는 기러기의 그림자는 내를 따라 흐르네
시절이 바빠 농부는 이웃과 함께 힘을 쓰고
흥취가 일어 시인은 벗과 더불어 노니네
태평성세에 상서로운 새가 이곳으로 되돌아오면
온 백성들 화합해 즐기며 노래 부르기를 그만둘 수 없겠지

秋日登鳳棲樓

始登名勝鳳棲樓 시등명승봉서루
滿目風光好九秋 만목풍광호구추
欄外染楓痕嶺越 난외염풍흔령월
簷邊飛雁影川流 첨변비안영천류
時忙野老偕隣務 시망야로해린무
興起詞人與友遊 흥기사인여우유
聖歲祥禽還此處 성세상금환차처
萬民和樂唱難收 만민화락창난수

2016년 10월 3일

해설
난생처음 참가한 봉화 한시백일장 출품작이다.

강상 확립과 경제 부흥을 원하며

인仁이 쇠퇴하고 도道가 경시되어지는 염려스러운 때가 오래 이어지고
전반적인 불황이 서광을 감하는데
강상을 준수하니 때때로 아름답다 기림을 받았고
경제를 우뚝 일으키니 자주 훌륭하다 감탄을 했었네
인륜이 점점 사라져 버리지만 바로잡기에 따라 회복되어질 수 있고
경기가 두루 침체되었어도 힘을 기울이면 창성해질 수 있다네
각자의 위치를 바르게 하고 정성을 다하며 기술로 앞세워 이끌어간다면
다시 새로워지는 나라의 운세 영원히 잊혀지기 어렵겠지

願 綱常確立 經濟復興

衰仁輕道歲憂長 쇠인경도세우장
不況全般減瑞光 불황전반감서광
遵守綱常時譽雅 준수강상시예아

隆興經濟數歎良 융흥경제삭탄량
人倫漸滅修能復 인륜점멸수능복
景氣周沈彊可昌 경기주침강가창
正位盡誠先技術 정위진성선기술
更新國運永難忘 갱신국운영난망

2016년 10월 16일

해설

서울 경희궁에서 열린 제23회 조선시대 과거제 재현행사에 참가해 제출한 시로 행사장에는 대역을 맡은 국왕과 문무백관이 자리를 같이하고 시험 후 급제자에게 임금이 내리는 하사주와 연회 등 각종 행사도 고증에 따라 베풀어진다.

왕인박사 유적지의 벚꽃을 찾아서

낭주(영암) 승지에 봄날이 열리니
왕인박사 유적지의 흐드러진 벚꽃이 성천에 어리네
벌떼는 웅웅거리며 향이 나는 나무 끝에서 흩어지고
뭇 나비는 펄럭이며 옥이 맺힌 가지에 이어지네
눈같이 흰 꽃잎은 봄바람에 하나씩 아쉽게 떨어지고
수염 같은 꽃술은 흰 달빛에 온전히 반갑게 드러나네
아름다움을 다투며 주위를 화려하게 수놓았으니
느긋이 구경하는 고아한 멋 전할 길 없어 한스럽네

王仁博士遺蹟地 櫻花探訪

朗州勝地啓春天　낭주승지계춘천
王蹟繁櫻映聖川　왕적번앵영성천
蜂隊嗡嗡香杪散　봉대옹옹향초산
蝶群翅翅玉枝連　접군시시옥지연
雪花惜墮柔風個　설화석타유풍개
鬚蕊欣彰皓月全　수예흔창호월전
競艶周圍華麗繡　경염주위화려수
玩徊雅趣恨無傳　완회아취한무전

　　　　　　　　　　　　2017년 봄에

해설
전남 영암군에서 시행하는 지상紙上 한시백일장 출품작이다.

화성의 가을 풍경

하늘의 법칙 계절을 바꿔 가을이 돌아오니
화성의 수려한 경치 상량함으로 대한다
행궁行宮 밖 물드는 단풍은 정말 아름다워 사랑스럽고
방화수류정訪花隨柳亭 앞 시드는 버드나무는 가히 서글퍼
안쓰럽네

사방을 두른 경상이 신선의 노래를 재촉하는네
팔달산의 풍광은 옥 같은 연못에 비치네
정조의 친필 현액 걸린 서장대에서 두루 굽어보며
능을 옮겨 효도한 옛 일 오래도록 기려보네

華城秋色

天儀替候醉翁商　천의체후취옹상
秀色華城對爽凉　수색화성대상량
宮外染楓眞艶愛　궁외염풍진염애
亭前凋柳可憐傷　정전조류가련상
四圍景象催仙賦　사위경상최선부
八達風光映玉塘　팔달풍광영옥당
御筆將臺周俯瞰　어필장대주부감
遷陵致孝讚悠長　천릉치효찬유장

2017년 9월 22일

해설
2017년 수원 한시백일장 출품 시로 가작에 당선되었는데 1구의 취옹은 가을을 노래한 추성부秋聲賦를 지은 송대 구양수歐陽脩의 호다.
수원 화성은 아버지 장헌세자莊獻世子(사도세자)에 대한 효심으로 부친의 원침을 정조대왕이 수원 화산華山으로 옮기면서 축조한 성곽인데 그

안에 행궁이 있고 행궁 내 봉수당奉壽堂에서 어머니인 혜경궁 홍씨의 회갑연을 열어 드렸다.

시제와 수련首聯(1,2구)과 함련頷聯(3,4구), 미련尾聯(7,8구)의 운은 미리 공지되었고 개최 당일 수원향교 현장에서 추첨 결과 경련頸聯(5,6구)의 운으로 못 당塘 자가 뽑혀 위의 시를 지었는데 2구와 관련해 화華 자가 화성華城과 같이 지명으로 사용되면 측성이 된다고 선생님이 뒤에 말씀을 해 그렇다면 같은 구의 5째 자를 측성이 아닌 평성으로 바꾸어야 함으로(이를 몽상렴蒙上簾이라 한다) 대對 자 대신 전專 자로 바꾸어 그 해석도 "화성의 수려한 경치 온전히 상량하구나"라고 해야겠다.

하동의 차를 기리며

왕명을 받들어 일찍이 지리산 기슭에 차를 심었으니
하동의 진기한 물건으로 귀한 명성 견고하다네
한 번 달이매 담박淡泊함을 본받아 중정으로 행하고
세 번 마시매 징청澄淸함을 따라 치우침 밖에 처하네
귀양길 정약용선생은 이치를 궁구해 이 도를 이어왔고
초의선사는 책을 찬술해 그 정을 온전히 했다네
야생이라 채취량 제한 있으니 더더욱 품질을 개량해
풍미와 그윽한 향기 세계에 전해 보세

河東茶頌

奉詔栽茶智麓先 봉조재다지록선

河東珍物貴名堅 하동진물귀명견

一湯效泊行中正 일탕효박행중정

三喫隨澄處外偏 삼끽수징처외편

窮理謫丁斯道繼 궁리적정사도계

撰書禪草此情全 찬서선초차정전

野生限量尤良品 야생한량우량품

風味幽香世界傳 풍미유향세계전

2018년 5월 14일

해설

하동향교에서 한시백일장 초청장이 왔으나 평일이라 근무로 참석치 못하고 고지된 시제와 운(경련의 운은 현장 발표임)으로 한 수 지어 향교로 보내면서 내년에 사정이 허락한다면 참가가 가능토록 토요일 개최가 어떨지 건의를 했다.

하동의 야생차는 신라 흥덕왕 3년(828년) 당나라 사신으로 갔던 김대렴이 차 종자를 가져와 왕에게 드리니 지리산록에 심으라는 명에 의해 쌍계사 주위에 재배했다.

초의선사草衣禪師께서 하동군 화개면 칠불사 운상암에 칩거하면서 하동차를 예찬한 동다송東茶頌을 저술하셨는데 초의선사는 우리나라 다도茶道를 정리하신 분으로 추사秋史와 함께 다산초당茶山草堂을 찾아 유배생활 중인 24세 위의 정약용선생을 스승처럼 섬기며 학문을 배우셨는데 초의선사는 동다송을 통해 다도정신을 중정中正이라 하였고 또한 깨달음의 과정임을 강조하셨으며 양극단을 조화하는 길임을 밝히고 있다.

선생님께 위 시를 보여 드리자 경련의 적정謫丁과 선초禪草의 표현상 문제점을 지적해(정약용선생님의 성인 정丁과 초의선사의 앞머리 자인 초草가 과연 그분들을 나타내고 대가 되는지 여부) 그렇다면 적옹謫翁과 선자禪子로 대치도 가능하리라.

남북교류 확장을 기원하며

무궁화 한반도 허리, 남북으로 갈려진 지 오래인데
활발한 교류로 고향 언덕이 가까워져 가네
이산가족 상봉으로 기색이 펴지고
더 낫고 넉넉한 자원으로 호혜하니 아름다운 향기 가득하네
역사와 문화를 통합시키니 능히 한겨레로 받아들일 만한데
통신과 교통 길 소통되니 술잔을 거둬들일 수 없겠네
더 나아가 무력 다툼이 종식되기까지에 이르면
평화 중 함께하는 이로움으로 찬연한 빛 비추리라

願南北交流擴張

槿腰悠久割陰陽 근요유구할음양
活潑交流近故岡 활발교류근고강
離散相逢舒氣色 이산상봉서기색
優饒互惠滿芳香 우요호혜만방향

史文統合能容族 사문통합능용족
電路疏通不撤觴 전로소통불철상
進此爭兵終熄及 진차쟁병종식급
和中共利燦然光 화중공리찬연광

2018년 10월 13일

해설
창덕궁에서 개최된 제25회 조선시대 과거제 재현행사에 제출한 시로 시제와 운이 양통운陽統韻임은 미리 공고되었고 시험당일 추첨으로 양통운 중 양陽, 강岡, 향香, 상觴, 광光 자가 뽑혔다.

수원시 승격 70주년 기념시

연비어약鳶飛魚躍의 치세 70년 이어지니
수원이 시로 승격해 길상함 커져 나가네
장안문의 용도에 부합되듯 뭇 영재들 맞아들이고
팔달산의 이름과 가지런하게 모든 일 흥왕하두다
밭을 가는 기술을 여니 농업이 개량되는 근본이요
성곽을 쌓는 재주를 정밀히 하니 산업이 첨단의 단계여라
무궁화 한반도 수도권에 살기를 부러워하는 순박한 풍속 두른 곳
우뚝하기론 은하에 옥승이 빛난 것 같네

水原市昇格 七十週年紀念

治世鳶飛七十承 치세연비칠십승
水原昇市吉祥增 수원승시길상증
長安合用諸英納 장안합용제영납
八達齊名每事興 팔달제명매사흥
啓術耕田農改本 계술경전농개본
精才築郭産尖層 정재축곽산첨층
槿畿羨住淳風遍 근기선주순풍편
突兀銀河燦玉繩 돌올은하찬옥승

2019년 10월 7일

해설

이틀 전 열린 2019년 수원 한시백일장의 시제와 1,2,4구의 운은 미리 공고되었고 6,8구의 운은 당일 層자와 繩자로 발표되었는데 당일 지은 시가 같은 자를 중복하는 첩자疊字 사용의 실수로 이에 새로이 미련 부분을 보완해 한 수 지었다. 1구의 연비는 시경 대아의 한록旱麓이란 시에 나오는 鳶飛戾天 魚躍于淵(연비여천 어약우연, 솔개 하늘 위를 날고 고기는 연못에 뛰고 있네)이란 구절에서 취했는데 주나라 문왕의 덕이 고루 펼쳐져 잘 다스려진다는 의미이고 5구와 관련해 수원은 농업이 발달했고 농촌진흥청이 전주 부근으로 옮기기 전까지 위치해 농업기술 개발에 큰 역할을 담당했으며 6구와 관련해 화성을 축조할 때 거중기와 녹로 등 정약용이 개발한 기계를 이용했는데 그 기술을 더욱 발전시키고 산업을 첨단화한 결과 현재 삼성전자의 본사가 수원에 있으며 8구의 옥승은 북두성 다섯째 별 주위의 별을 말한다.

제3장 效體詩

이백을 모방해 다시 지리산을 노래하다

친한 벗 보듯 얼굴 대하는데
태조에게는 등 돌렸다지
자연은 원래 한 폭의 그림인데
옥으로 구름 그리되 안개는 지워 버렸네
고개 넘어 단풍 물드는 노을 가
깊은 계곡 물소리는 티끌세상 밖인 듯
한 지팡이로 두 늙은이 만고불변의 산에 모이니
머지않아 대청봉 정상에 키 여섯 자 높이 더하겠네

效白一首 再詠智異山

親朋顏 친붕안
太祖背 태조배
泉石元圖 천석원도
玉雲抹霧 옥운말무
霞邊越嶺楓 하변월령풍
塵外深溪響 진외심계향
一筇二叟會長山 일공이수회장산
不遠大靑加六尺 불원대청가육척

2017년 10월 23일

해설
3,5,7 언구로 지은 아래 이백의 시를 흉내 내 3,4,5,7 언구로 지은 시다. 태조 이성계가 조선을 개국하면서 산천의 호응을 받기 위해 지리산 산신령을 찾아가 지원을 부탁하자 산신령이 서로의 가는 길이 다르다며 거절하자 태조가 되돌아오면서 지리산의 이異 자를 떠날 리離 자로 바꾸었다는 것이고 다시 금산 산신령을 찾아가 같은 부탁을 했는데 금산 산신령은 여자인데 조건을 걸어 지원하되 그 조건이 비단옷을 입혀 달라는 것이어서 돌아와 신하들과 상의 끝에 산 전체를 비단으로 두를 수는 없어 대신 산 이름을 비단 금錦 자로 바꾸어 금산으로 불렀다는 이야기를 지리산 산행 시 지나가던 스님한테 보니가 들었다고 해 믿거나 말거나 한 그 재미있는 내용을 모티브로 시를 구상했는데 (금산의 원래 이름은 보광산이라고 한다) 등산 중 지리산 종주를 몇 차례 했다는 사람에게 들은 이야기로는 그날 날씨는 10년에 한번 볼까 말까 한 쾌청한 날씨로 천왕봉 주위를 그렇게 온전히 볼 수 있기가 쉽지 않다고 했다.

삼오칠언으로 된 시

가을바람 맑고
가을 달은 밝네
낙엽은 우수수 모였다 흩어지고
까마귀 잠자다 소스라쳐 놀라네
그리운 임 만날 날 그 언제인가

이 계절 이 밤을 어이 견디리

三五七言 李白

秋風淸 추풍청
秋月明 추월명
落葉聚還散 낙엽취환산
寒鴉棲復驚 한아서부경
相思相見知何日 상사상견지하일
此時此夜難爲情 차시차야난위정

왕안석을 본받아 지은 열둘의 산山 자로 된 시

산사람 산을 좋아해 청산을 향하는데
산을 넘어 첩첩구비 심산에 들었네
산골 시내의 산 그림자 구름 덮인 산인데
산새 지저귐 산을 울리니 산중임을 알겠네

效王公 十二字山歌

山人樂山向靑山 산인요산향청산
隔山疊山入深山 격산첩산입심산

山溪影山蒙雲山 산계영산몽운산
山鳥鳴山知在山 산조명산지재산

2017년 10월 30일

해설
북송北宋의 정치가이자 시인, 문장가인 왕안석이 남경에 있는 종산鐘山에 살면서 지은 시 유종산에 산 자가 8자 반복되는데 이를 본받아 산 자를 12자 넣어 시를 지어 보았다.
왕안석의 시는 아래와 같은데 누가 산악회 이름을 하나 지어 달라고 해 아래 시 3구의 산장山長을 도치시켜 장산회長山會로 지어 주었는데 굳이 풀이를 하자면 "늘 그대로인 산" "만고불변의 산"이란 의미다.

종산에서 노닐다

온종일 산을 보건만 산이 싫지 않아
산 하나 사서 산속에 늙겠네
산꽃이 모두 져도 산은 옛 산 그대로고
계곡물 한 것 흘러도 산은 여전히 한가롭네

遊鐘山 王安石

終日看山不厭山 종일간산불염산

買山終待老山間 매산종대로산간
山花落盡山長在 산화낙진산장재
山水空流山自閒 산수공류산자한

채두봉

늘 푸른 소나무 한겨울 추위를 이겨 내리라
원앙처럼 다정히 학과 같이 오래 서로 함께하리라 다짐했는데
두 사람을 시기해 해로함 막았으니
그 꽃다운 청춘의 꺾어짐 누가 그 혼이나마 위로해 주리오
슬프도다 슬프도다 슬프도다

釵頭鳳

常靑松 凌寒冬 鴛鴦鶴壽誓相從
　상청송 능한동 원앙학수서상종
猜忌兩 偕老障 慰魂誰唱 英落其喪 悵 悵 悵
　시기량 해로장 위혼수창 영락기상 창 창 창

2017년 2월 20일

해설

먼저 위는 시가 아니라 사詞인데 육유陸游의 슬픈 사랑이야기로 심원沈
園 두 수가 있는데 다음과 같다.

심원의 노래

그 첫째
성 위엔 저녁노을 비끼고 뿔피리 소리 처량한데
심원은 예와 다른데 못가의 정자는 그대로구나
다리 아래 봄 물결 유난히도 푸르더니
일찍이 놀라 날아간 기러기의 그림자 다시 어리누나

沈園二首 陸游

其一
城上斜陽畵角哀 성상사양화각애
沈園非復舊池臺 심원비부구지대
傷心橋下春波綠 상심교하춘파록
曾是驚鴻照影來 증시경홍조영래

그 둘째
꿈같은 나날 끊기고 향기 사라진 지 사십 년
심원의 버들도 늙었는지 버들솜도 날리지 않네

이내 몸 머지않아 회계산의 흙 되련마는
아직도 발자취 찾아 한바탕 눈물 흘린다

其二
夢斷香消四十年 몽단향소사십년
沈園柳老不吹綿 심원류로불취면
此身行作稽山土 차신행작계산토
猶弔遺蹤一泫然 유조유종일현연

육유는 금나라에 빼앗긴 중원 땅의 수복을 주장한 남송의 애국시인으로 중국의 시인 가운데 가장 많은 9천여 수(2만여 수라는 설도 있다)의 시를 남겼다.
20세 때 외사촌 누이 당완唐婉과 결혼하여 금슬이 매우 좋았으나 어머니의 핍박으로 결혼한 지 2년 만에 헤어져 각자 다른 사람과 재혼했는데 그러던 중 31세 때 꽃이 아름답기로 유명한 심원으로 나들이 갔다 그곳에서 우연히 그녀를 다시 만나 그녀의 남편으로부터 술과 음식을 대접받고 자신의 쓰라린 마음을 담은 채두봉이라는 사 한 수를 지어 심원의 담에 써 놓았고 당완도 그의 사에 화답하여 채두봉 사 한 수를 지었는데 그 일 이후 당완은 너무나 가슴이 아파 몸져 누운 후 결국 숨을 거두었는데 40여 년 뒤 75세 때 육유는 다시 심원을 찾아가 그녀를 회상하며 위 시 두 수를 지었다 하는데 아래에 비련의 사연을 촉발시킨 채두봉 사 두 수도 함께 소개한다.

육유의 채두봉

그대는 부드러운 섬섬옥수로
나에게 황등주를 부어 주었지
성안에 넘친 봄빛 실버들 늘어질 제
동풍이 사나워 인연이 깨졌으니
그리움과 한에 사무친 가슴
외로운 나날로 몇 해를 보냈던고
아아 돌이킬 수 없는 잘못이여

釵頭鳳 陸游

紅酥手 黃縢酒 滿城春色宮墻柳
 홍수수 황등주 만성춘색궁장류
東風惡 歡情薄 一懷愁緖 幾年離索 錯 錯 錯
 동풍악 환정박 일회수서 기년이삭 착 착 착

봄은 예나 다름없건만
사람은 부질없이 여위어만 가니
연지 묻은 손수건 눈물에 젖는구나
복숭아꽃 떨어지고 못가의 누각 스산한데
굳은 맹세 있다 한들
정을 담은 편지 그 누가 전해주랴
아아 어쩔 수 없는 내 신세여

春如舊 人空瘦 淚痕紅浥鮫綃透
　춘여구 인공수 루흔홍읍교소투
桃花落 閑池閣 山盟雖在 錦書難托 莫 莫 莫
　도화락 한지각 산맹수재 금서난탁 막 막 막

당완의 채두봉

박정한 세상
메마른 인정
비 뿌리는 황혼에 꽃은 쉽게 떨어지네
새벽바람 불어와도 눈물자국 남아 있고
마음속 일들을 글로 적고자
홀로 비스듬히 난간에 기대건만
아아 어렵고도 어려워라

釵頭鳳 唐婉

世情薄 人情惡 雨送黃昏花易落
　세정박 인정악 우송황혼화이락
曉風乾 淚痕殘 欲箋心事 獨倚斜欄 難 難 難
　효풍건 루흔잔 욕전심사 독의사란 난 난 난

사람은 각각이 되어 버렸고
지금은 어제가 아니니
병든 마음 오래도록 적적하여라
뿔피리 소리 차갑고 밤은 깊어 쓸쓸한데
사람들이 물어볼까 두려워
눈물 삼키고 즐거운 척 하였네
아아 이 모두가 거짓이로다

人成各 今非昨 病魂長似千秋索
 인성각 금비작 병혼장사천추삭
角聲寒 夜闌珊 怕人尋問 咽淚裝歡 瞞 瞞 瞞
 각성한 야란산 파인심문 열루장환 만 만 만

앞의 사는 육유가 지었고 뒤의 사는 당완이 지었는데 채두봉의 뜻풀이는 비녀 끝머리의 봉황무늬 장식을 말하는데 사의 곡명(이를 사패詞牌라 한다)이며 비녀 채釵 자는 차 자로 읽기도 하고 당완의 "완" 자 한자 표기도 책마다 틀려 婉, 琓, 琬 자로 달리 표기되어 있다.
전처에 대한 잊을래야 잊을 수 없는 깊은 정과 부모 명을 따라 갈라져야만 했던 얄궂은 운명을 노래한 이 작품은 부모에 의해 자식의 행복이 처참히 깨지는 봉건제도의 잔혹성을 여지없이 드러낸 중국문학사에 있어 제2의 공작동남비孔雀東南飛라 불리는 작품인데 이 슬픈 사연에 위 채두봉 가락에 맞춰 애도의 노래 한 수 한 것이 제일 처음 소개한 사이다.

제목 없음

왈가왈부하는 누가 옳고 그런지 알 수는 없다네
단지 그 누구에 대해서든 바른 법 집행하라는 말은 들은 적 있다네

無題

不知可否曰誰是 부지가부왈수시
但聞衛正對誰何 단문위정대수하

2019년 9월 9일

해설
조국 법무부장관 임명을 전후해 혼란스러운 요즘 세태를 풍자해 한 수 노래하겠는데 전진前秦 때의 조정의 간가를 패러디했는데 그 시의 배경은 다음과 같다.
전진의 왕인 부견符堅이 모용수의 부인과 더불어 가마를 함께 타고서 뒤뜰에서 노닐었는데 환관인 주정이 아래 시를 노래하자 부견이 낯빛을 바꾸며 그 일을 사죄하고 부인으로 하여금 가마에서 내리게 하였는데 부견은 5호 16국의 하나인 전진의 3대 왕으로 재위기간(357-385년) 동안 전진을 가장 융성하게 하였는데 그 이유는 이처럼 주위의 간언을 제때 받아들였기 때문일 것인데 아래 시에서 참새는 왕을, 제비는 모용수 부인을, 그리고 구름은 모용수의 부인이나 간신을, 태양은 왕을 비유하고 있다.

충간(忠諫)의 노래

참새 와서 제비 집에 들어가는 걸 보지 못했네
뜬 구름이 밝은 태양을 덮는 것만 단지 보았네

諫歌 趙整

不見雀來入燕室 불견작래입연실
但見浮雲蔽白日 단견부운폐백일

제4장 聯句詩

여러 벗이 팔공산에 올라 스스로의 호로 연구시를 짓다

좋은 날씨에 옛 벗은 실로 만나기 어려운데
지팡이 의지해 산이 좋아 팔공산에 오르네
붉은 해 숲을 투과하니 그윽한 골짜기 깨끗하고
채색 구름 고개 가로 비끼니 가려진 봉우리 우뚝하네
기운은 만세 지리산의 상서로움을 머금었고
자태는 삼춘 소백산의 공교로움을 드리웠네
산골마을 저녁연기 천천히 피어오르다 흩어지니
부처님의 자비가 온화한 가운데 바다처럼 퍼져 나가네

諸友登八公山以自號作聯句詩

良天故友正難逢 양천고우정난봉
依杖怡山陟八公 의장이산척팔공
紅日透林幽谷淨 홍일투림유곡정
彩雲橫嶺隱峰隆 채운횡령은봉융
氣含萬歲頭流瑞 기함만세두류서
姿納三春小白工 자납삼춘소백공
墟里暮煙遲上散 허리모연지상산
佛慈如海穩和中 불자여해온화중

2020년 4월 9일

해설
벗 4명이 각자의 호를 넣어 지은 연구시로 수련은 이산怡山이, 함련은 유곡幽谷이, 경련은 소백小白이, 미련은 여해如海가 지었다.
연구시는 한나라 무제가 백양대柏梁臺를 축조한 뒤 그 위에서 군신을 모아 놓고 칠언연구七言聯句를 짓도록 한 데서 유래돼 백양체柏梁體라고도 하는데 우리나라의 연구시로는 구봉龜峰 송익필宋翼弼과 율곡栗谷 이이李珥, 송강松江 정철鄭澈 그리고 우계牛溪 성혼成渾이 지은 유남악이란 시가 유명해 아래에 같이 소개하는데 수련은 구봉이, 함련은 율곡이, 경련은 송강이, 그리고 미련은 우계가 지었으며 5구의 배중화는 술잔에 비친 산속의 모습을 표현한 말이리라. (이상미 저, 『학이 되어 다시 오리』, 박이정 참고)

남악(지리산)에서 노닐다

초의 입은 사람 서넛이
풍진 세상 밖 노니네
골짜기가 깊으니 꽃 필 뜻 게으르고
첩첩 산중이라 물소리 그윽하구나
절벽은 술잔 속 그림이 되고
이어지는 바람은 소매 안 가을을 알리네
흰 구름 바위 아래서 피어오르니
돌아가는 길 푸른 소나 타볼까

遊南嶽 宋翼弼, 李珥, 鄭澈, 成渾

衣草人三四 의초인삼사
於塵世外遊 어진세외유
洞深花意懶 동심화의라
山疊水聲幽 산첩수성유
斷嶽杯中畫 단악배중화
長風袖裏秋 장풍수리추
白雲巖下起 백운암하기
歸路駕靑牛 귀로가청우

제5장 補充詩

백로

높은 나무 꼭대기에 둥지를 틀고
푸른 산허리를 가르며 날아가네
일산 모양의 펼친 날개는 눈과 같고
활 모양의 움추린 목은 옥과 같네
밭에 내리니 맞이하는 보리 일렁이는데
물가에 임하니 두려워하는 고기 사라지네
본디 신선계의 새 무리라
속세와는 더불어 서로 친해지기 요원하겠지

白鷺

占巢喬木頂 점소교목정
飛割碧山腰 비할벽산요
傘貌伸翎雪 산모신령설
弓形縮頸瑤 궁형축경요
降田迎麥浪 강전영맥랑
臨渚懼魚消 임저구어소
本是仙禽類 본시선금류
相親與俗遙 상친여속요

2017년 5월 27일

해설

4구의 궁궁은 활이지만 날아가는 백로의 머리 모양이 흡사 弓의 글자 모양과도 같고 5구의 랑浪은 물결이 일다, 흔들리다 라는 뜻의 동사로 사용했다.

고려 때 시인 강일용康日用이 백로로 시를 지으려고 비만 오면 짧은 도롱이를 입고 성문 밖 천수사天水寺 남쪽 시내 위로 가서 황소 등에 걸터앉아 이를 관찰하기를 백일 만에 위 둘째 구를 얻고는 "오늘에야 고인이 이르지 못한 것을 비로소 얻었다. 뒤에 마땅히 이를 잇는 자가 있을 것이다"라고 하였는데 과연 뒤에 이인로李仁老가 첫째 구를 지어 짝을 맞추었다고 하는데(정민 저, 『한시미학산책』, 솔 참조) 여기에 본인이 나머지 여섯 구를 보태 오언율시를 완성했다.

아울러 고려 때 김황원金黃元이 평양감사가 되어 부벽루에 올랐다 누각에 걸린 시가 성에 차는 것이 없어 시판을 다 떼어 불사르게 하고는 하루 종일 난간에 기대 괴로이 읊조리다가 아래 시의 앞 두 구절만 얻고는 시상이 고갈돼 마침내 통곡하고 돌아왔다는 일화가 역대 시화詩話에 두루 전해 오는데(위 정민의 같은 책에서) 벗 유곡이 나머지 두 구절을 보태 칠언절구를 완성했는데 아래에 같이 소개한다.

부벽루

긴 성 한 면으론 넘실대는 물이요
너른 들 동쪽 머리론 점점이 산이네

구름 안개 걷혀 날 개인 부벽루 아래로는
푸른 물결이 금비늘 번쩍이듯 석양빛 비껴 아롱져가네

浮碧樓 幽谷

長城一面溶溶水 장성일면용용수
大野東頭點點山 대야동두점점산
雲靄捲晴浮碧下 운애권청부벽하
金鱗蒼浪日斜斑 금린창랑일사반

제6장 借句詩

김호도에게 부친다

좋은 풍광이라 자리에 머무를 수 없고
밝은 달밤에는 잠을 이루기 어렵네
옛 벗과 다북쑥 굴러가듯 정처 없는 심사에
태백을 본받아 촛불 밝혀 마셨지
지금은 본향으로 되돌아가 버려
날이 갈수록 그리움 사무쳐 오네

寄金浩渡

良光不可留　양광불가류
皓月未能寢　호월미능침
故友轉蓬心　고우전봉심
效仙秉燭飮　효선병촉음
只今歸本鄕　지금귀본향
日久憐滋甚　일구연자심

2016년 12월 12일

해설

2013년 아버지가 돌아가신 후 금년 6월에 어머니마저 돌아가셨고 영맥회嶺脈會의 오랜 친구인 김호도도 9월의 가을날 선종善終했다. 도운섭에 이어 벌써 두 번째다. 내가 변호사를 막 개업할 무렵 결성된 모임이라 벌써 30년 가까이 지내던 친구들이다. 한 해의 마지막 자락에서 멀리 보낸 여러 인연들을 생각해 본다.

이백의 시 우인회숙의 한 구절인 호월미능침을 그대로 살려 지어본 시로 보통의 평성운이 아닌 상성인 침寢 자운의 시라 짓기가 어려웠고 더더욱 한 구절을 통째로 빌리는 관계로 그 구절에 맞추다 보니 시상의 제약도 더 많은 것 같아 보통보다 작시에 오랜 시간이 소요되었다.

벗과 만나 같이 밤을 지새다

천고의 시름을 씻기 위하여
백 항아리의 술을 이어 마셨네
멋진 밤이라 맑은 이야기 나누기 좋은데
달도 밝으니 잠 이루기 어렵다네
취하여 공산에 누우니
천지가 바로 금침이라네

友人會宿 李白

滌蕩千古愁 척탕천고수
留連百壺飮 유련백호음

良宵宜淸談 양소의청담
皓月未能寢 호월미능침
醉來臥空山 취래와공산
天地卽衾枕 천지즉금침

제 7장 選韻詩

개교 백 주년

개교 백 주년을 맞아 축하하매
덕으로 가르치는 아름다운 전통 온전히 계승함 기릴 만하도다
우수한 인재 속출함은 팔공산의 우뚝 솟음 인함이요
아름다운 이름 오래 이어짐은 낙동강의 면면한 흐름 때문이라
하늘 우러러 호연지기를 키웠던 청운정의 터요
땅을 일구어 옥을 캐내는 황금들녘가로다
나라를 안녕시키고 세상 화합케하는 동량으로서의 역할 감당해
찬란히 빛나는 경북고의 혼과 기상 만방에 널리 펼쳐가리라

開校百週年

賀當開校百週年 하당개교백주년
德敎嘉風譽繼全 덕교가풍예계전
英傑續因公嶺兀 영걸속인공령올
勝名久賴洛江綿 승명구뢰낙강면
仰天養氣靑雲址 앙천양기청운지
耕地採瑤黃野邊 경지채요황야변
國泰世平堪役棟 국태세평감역동
燦然慶脈萬方宣 찬연경맥만방선

2015년 12월 하순경

해설
이 시를 짓기 위해 한시를 배웠을 정도로 의미 있는 시로 모교는 원래 대봉동에 있다 황금동으로 이전했는데 대봉동에는 청운정靑雲亭이 있었고 이전한 황금동은 당시 황금들판이 있던 곳이라 그래서 경련을 호연지기를 키웠던 청운정의 터와 옥을 캐는 황금들판 가로 대를 맞추었고 그 외 색(靑과 黃)과 장소(址와 邊), 천문지리(天과 地, 雲과 野), 지명(公嶺과 洛江)의 대도 고려했다.
그러나 염簾과 관련해 6구의 3,5째 자의 평측이 바뀐 것이 문제지만 위와 같이 이전 전후 학교 위치의 상징으로 청운과 황야를 살려야 하기에 부득이 이웃한 청靑과 황黃을 같은 평성자로 배치할 수밖에 없었다.

진주 사돈 회갑 축시

병신년 갑자가 돌아오는 해 좋은 가을날
봉황 같은 자녀와 기린 같은 손주들 경사스런 자리 베풀었네
금슬이 조화로움은 나누는 사랑 두터워서이고
가문이 번성함은 받은 은혜 이어짐 때문이라
마음 다해 경배하니 소망이 가깝고
힘 기울여 순종하니 생명이 견고하네
믿음 지키고 이웃사랑 실천하며 모든 일에 감사함으로
그대에게 맡겨진 주님의 계획 일생토록 펼쳐가소서

晉州査頓 回甲祝詩

丙申回甲好秋年　병신회갑호추년
鳳子麟孫設慶筵　봉자린손설경연
琴瑟調和交愛厚　금슬조화교애후
家門繁盛受恩綿　가문번성수은면
專心敬拜所望近　전심경배소망근
盡力順從生命堅　진력순종생명견
守信踐慈凡感謝　수신천자범감사
託君主計一生宣　탁군주계일생선

2016년 8월 21일

한양도성이 세계문화유산에 등재되기를 바라며

수도를 정해 빼어난 기술로 성을 길게 축조했으니
한양을 드러낸 전해 오는 뛰어난 자취일세
네 산을 둘러 이어 오랑캐의 침해를 방어하고
여덟 문을 거리를 두고 세워 임금님의 은혜가 펼쳐지네
무심해 없어지고 허물어져 버렸으나 지난날엔 자주
돌아다녔는데
유의해 수리하고 가꾸어서 오늘날은 늘 살핀다네

세계문화유산에 등재되기를 원하는 바
대한의 기상 떨침 밝히 드러내었으면

願 漢陽都城 世界文化遺産 登載

定都殊技築城長 정도수기축성장
勝蹟傳來見漢陽 승적전래현한양
四岳周連蠻害禦 사악주련만해어
八門距立帝恩張 팔문거립제은장
無心亡毁昔巡數 무심망훼석순삭
有意補修今察常 유의보수금찰상
世界文財登載願 세계문재등재원
大韓氣像振明彰 대한기상진명창

2016년 9월 25일

해설

한양도성은 네 산(북악, 인왕, 남, 낙산)을 두르고 방위에 따라 사이사이에 여덟 문(사대문과 사소문)을 두었는바 사대문 이름은 오상五常인 인의예지신仁義禮智信을 오행五行사상에 따른 방위에 맞추어 명명해 그래서 동, 서, 남, 북문을 흥인興仁, 돈의敦義, 숭례崇禮, 숙정肅靖문으로 하고 중앙에 해당되는 신信은 도성 가운데 있는 정각을 보신각普信閣으로 명명하였으며(단 북쪽은 음기로 여인들이 바람이 난다 해 이를 정숙히 한다는 의도로 숙정肅靖으로 특별히 했음) 옛날에는 도성 주위를 돌면서 나들이하는 풍속이 있었는데 이를 순성巡城이라 하였다.

경산찬가

경산시가 무궁화 피는 한반도 남쪽에 우뚝이 위치해
산물이 많고 풍속이 순박해 살고 싶은 향내 나는 곳이라
압량벌 옛 성현을 이은 영민한 인재 빼어나고
갓바위 부처를 두른 채색 구름 상서롭네
도와 의를 겸해 행하니 시민이 안락하고
농공업을 함께 발전시키니 도시가 부강해지네
정도에 맞게 조화를 이루는 것이 다스림의 근본임을 알게 된다면
머지않아 무릉도원의 이상향이 도래하리라

慶山讚歌

慶山突兀槿南方 경산돌올근남방
多産淳風欲住芳 다산순풍욕주방
押野續賢英傑秀 압야속현영걸수
冠峰圍佛彩雲祥 관봉위불채운상
兼行道義民安樂 겸행도의민안락

竝進農工市富强 병진농공시부강
中正調和知治本 중정조화지치본
到來未久武陵鄕 도래미구무릉향

2016년 12월 19일

해설
친구가 시장으로 재직 중인 경산시를 노래한 시로 경산은 삼한三韓 때 압독국押督國 또는 압량소국押梁小國의 도읍지로 원효元曉, 설총薛聰, 일연一然 등 삼성현三聖賢을 배출하고 대학이 12개나 있는 교육도시이며 관봉冠峰(갓바위)으로 유명하다.

황산에 올라

하늘이 요행히도 안개 걷어 온전한 모습 전부가 드러나는데
오악을 능가하는 황산의 높고도 깎아지른 듯한 아찔함이여
오묘한 향기 골짜기 흩어져 날려 위아래 어디에나 가득하고
기이한 소나무 가지 드리워 읍하며 오가는 길손 맞이하네
돌계단은 산허리를 둘러 위아래로 이어져 있고
구름 띤 봉우리는 공중에 비껴 멀리 가까이 떨어져 있네
한 지팡이로 등소평이 신비의 경개 다 둘러보았으니
숨은 신선들 바둑 두는 그윽한 자취 더 이상 찾기 어렵겠네

登黃山

捲煙天俸露全姿 권연천행로전자
凌嶽黃山峻峭危 능악황산준초위
妙馥浮沈颺谷散 묘복부침양곡산
奇松迎送揖枝垂 기송영송읍지수
石階旋岬高低繼 석계선갑고저계
雲嶁橫空遠近離 운루횡공원근리
笻鄧盡觀神祕境 공등진관신비경
難尋幽跡遁仙碁 난심유적둔선기

2016년 12월 29일

해설

금년 여름 황산을 다녀와 해를 넘기기 전 서둘러 작시했다.
황산은 안휘성 동남부에 있는 중국 제일의 명산으로 최고봉인 연화봉(1860m)을 중심으로 72개의 봉우리로 이루어져 있는데 중국의 산으로는 오악五嶽(동의 태산泰山, 서의 화산華山, 남의 형산衡山, 북의 항산恒山, 중의 숭산嵩山)이 유명한데 오악에 오르니 모든 산이 눈 아래 보이고 황산에 오르니 그런 오악조차도 눈에 차지 않더라는 말이 있을 정도로 절경이다.(五嶽歸來不看山 黃山歸來不看嶽, 오악귀래불간산 황산귀래불간악)
황산에는 한족漢族의 시조인 황제黃帝가 수련 후 신선이 되었다는 전설이 전해 오는데 등소평이 1979년 7월 반바지에 지팡이 하나를 짚고 5박 6일 동안 황산을 직접 둘러본 뒤 이런 훌륭한 경치를 모든 사람들이 보고 즐길 수 있도록 개발하라 지시해 케이블카와 돌계단 등을 설치해 지금처럼 쉽게 구경할 수 있게 되었다.

황산은 1억 년 전 중생대의 지각변동에 따른 융기작용으로 깎아지른 절벽과 기암괴석이 많고 그 외 벼랑에 뿌리를 박고 자라는 기이한 소나무(기송奇松)와 구름바다(운해雲海)가 한 폭 산수화의 비경을 이루어 1990년 유네스코 세계자연유산으로 지정되었는데 중국에서 귀국 시 현지공항 면세점에서 구입한 화설송사畵說宋詞란 중국책 원서에 황산을 노래한 송대 왕신의 사가 있어 아래에 같이 소개한다.

"심원춘"의 곡조에 맞추어 부르는 "황산을 생각하며"라는 제목의 사詞

삼십 여섯 봉우리와 삼십 여섯 계곡이 맑은 가을에 오래도록
감추어졌네
외로운 봉우리의 아득한 꼭대기를 대하니 구름과 안개가
아름다움을 다투네
벼랑의 가파른 벽에 걸린 폭포는 다투어 흘러내리는데
마을에는 복숭아꽃, 신선의 거처에는 영지가 봄눈 이후로
차례차례 피어나겠지
일찍이 대낮에 용이 사는 못을 직접 보았는데 마치 바다에
거친 풍랑이 솟구치듯 하였네
황제黃帝와 부구浮丘가 승천한 그때의 옥 침대와 베개는
그대로 있는가

천상으로부터 달 뜨는 밤마다 아득히 봉황의 젓대소리 들리고
서리 내린 새벽 푸른 산에선 용의 누각을 우러러보네
단사丹砂(신선이 된다는 영약靈藥)를 제조하던 동굴은 여전히
붉은데 화로는 이미 차가워져 어떻게 하면 신령스런 비방을
얻어 빨리 수행할 수 있을까?
누가 이를 아는가 물이 발원하는 곳에 노는 흰 사슴과 물가의
푸른 소에게 물어나 볼까?

沁園春(憶黃山) 汪莘

三十六峰 三十六溪 長鎖淸秋
　삼십육봉 삼십육계 장쇄청추
對孤峰絶頂 雲烟競秀
　대고봉절정 운연경수
懸崖峭壁 瀑布爭流
　현애초벽 폭포쟁류
洞里桃花 仙家芝草 雪後春正取次游
　동리도화 선가지초 설후춘정취차유
親曾見 是龍潭白晝 海涌潮頭
　친증견 시용담백주 해용조두
當年黃帝浮丘 有玉枕玉床還在不
　당년황제부구 유옥침옥상환재부
向天都月夜 遙聞鳳管 翠微霜曉 仰盼龍樓

향천도월야 요문봉관 취미상효 앙반용루
砂穴長紅 丹爐已冷 安得靈方聞早修
　사혈장홍 단로이냉 안득영방문조수
誰知此 問源頭白鹿 水畔靑牛
　수지차 문원두백록 수반청우

강양만 일출사진을 보며 느낀 바 있어

새벽을 맞는 너른 바다에 주님의 영광이 임하니
신비롭고 이채로움에 경탄해 한 노래로 찬미해 보네
붉은 안개가 길을 가리어 달리는 해 더디게 하고
흰 갈매기는 쪽배를 독려해 돌아가는 마음 재촉하네

觀 江陽灣 日出寫眞 有懷

迎晨滄海主榮臨 영신창해주영림
祕異驚歎讚一吟 비이경탄찬일음
紅霧翳途遲走日 홍무예도지주일
白鷗勵艇促歸心 백구려정촉귀심

2017년 1월 4일

해설

큰형님(일우一愚 류상봉柳祥鳳)께서 울산광역시 울주군 강양만에서 찍은 일출사진을 손수 액자로 만들어 주어 사무실에 걸어 두었는데 형님은 1944년생으로 지난해 6월 오랜 약국운영을 그만두셨는데 그동안 틈틈이 출사를 해 국내외 전시회에서 100여 회 수상을 했는데 사진 우하단 가장자리에 작품소개를 하면서 호도 하나 지어 드리고 사진에 걸맞은 7언 두 구를 적은 뒤 차제에 두 구 더 보태 칠언절구를 완성했다.

진주 사부인 회갑 축시

남강의 경물이 봄빛을 띠는데
봄바람에 실려 전해오는 축하드릴 소식 아름다워라
경사스런 자리 둘러앉은 자녀 손주들 모두 큰 은총 받았으니
가지마다 맺힌 탐스런 열매 주님의 영광 드러내네

晋州查夫人 回甲祝詩

南江景物帶韶光 남강경물대소광
傳泛柔風賀信芳 전범유풍하신방
膝下慶筵皆得寵 슬하경연개득총
萬枝華實主榮彰 만지화실주영창

2017년 3월 13일

고희 축하시

금슬이 서로 화합해 칠순을 맞았는데
봉황 같은 아들과 기린 같은 손주들 효도하기를 정성 다하네
도타움으로 가문의 우애에 힘쓰고
정예로워 군대에서 명성을 떨쳤네
현자를 쫓아 자족하니 남은 생애가 즐겁고
부처를 체득해 두루 베푸니 이어 오는 세대가 형통해지리
두보의 곡강이란 시 진정 우스워라
신령스런 거북과 수壽를 같이해 아름다운 정 더하소서

古稀祝賀詩

相和琴瑟七旬迎 상화금슬칠순영
鳳子麟孫孝致誠 봉자린손효치성
敦厚家門孜友愛 돈후가문자우애
精銳軍陣振名聲 정예군진진명성
追賢自足餘生樂 추현자족여생락
體佛周施繼代亨 체불주시계대형
杜律曲江眞可笑 두율곡강진가소
靈龜同壽益佳情 영귀동수익가정

2017년 5월 26일

해설
다섯 형제 중 셋째 형의 칠순을 축하하며 지어 드린 시로 형님은 육사 27기로 군 경력의 대부분을 특전부대에서 보내 특수임무대대장과 공수 제1여단장을 역임했다.
7구와 관련해 두보의 곡강이란 시에 인생칠십고래희란 구절이 있어 그로 70살을 고희古稀라 부르는데 아래에 그 시도 함께 소개한다.

굽이 흐르는 강

조정에서 돌아오면 날마다 옷을 전당 잡혀서
연못가 술집에서 실컷 마시고 돌아온다
술빚은 흔히 있는 것 어디 가든지 있게 마련이고
인생이란 칠십 살기 예로부터 드물었지
꽃 사이를 헤쳐 나는 나비는 보일 듯 말 듯하고
물을 차는 잠자리는 느리게 느리게 날고 있네
말하거니와 풍광은 세월과 함께 끊임없이 변하는 것
짧은 인생이니 봄 경치를 유감없이 즐기다 갈 것이 아닌가

曲江 杜甫

朝回日日典春衣 조회일일전춘의
每日江頭盡醉歸 매일강두진취귀
酒債尋常行處有 주채심상행처유

人生七十古來稀 인생칠십고래희
穿花蛺蝶深深見 천화협접심심견
點水蜻蜓款款飛 점수청정관관비
傳語風光共流轉 전어풍광공류전
暫時相賞莫相違 잠시상상막상위

벗과 더불어 인왕산을 두루 돌아보며

겸재의 진경산수 속 바위와
비해당의 별천지 내 계곡이여
오르내리며 어깨 나란히 두루 보았지
붉은 놀 번지는데 신선의 자취 아득하여라

仁王與友周觀記

謙齋眞景礧 겸재진경뢰
匪懈洞天溪 비해동천계
陟降連肩覽 척강연견람
紫霞仙跡迷 자하선적미

2017년 6월 12일

해설

이틀 전 토요일 고등학교 친구인 보니와 인왕산 탐방을 했다. 백사白沙 이항복李恒福의 별서別墅(별장)터인 백사실 계곡을 거쳐 북악스카이웨이 산책로를 따라 팔각정에 이르러 인왕산 정상을 굽어보고 자하문 방향으로 내려와 경복궁역에서 그날 서울 결혼식에 참석한 처와 합류해 부근 삼계탕으로 유명한 토속촌식당에서 점심을 한 다음 인왕산 자락에 위치한 수성동水聲洞 계곡을 찾아 산길로 위로 인왕스카이웨이로 진입해 국궁터인 황학정黃鶴亭과 단군성전을 거쳐 사직공원 쪽으로 내려왔는데 군 복무를 사직공원부근 포대에서 해 남다른 감회가 일었다.

조선시대 진경산수화가인 겸재 정선은 서울 인왕산 부근에서 태어났는데 인왕제색과 수성동 등 인왕산 주위의 빼어난 경치를 많이 그렸고 호가 비해당匪懈堂인 안평대군은 세종대왕의 3남으로 경관이 좋은 수성동계곡 부근에 살았는데 그 터가 비해당 터로 남아 있는데 수성동계곡은 1971년 건축된 옥인시범아파트를 철거한 뒤 2011년 7월 옛 모습대로 복원해 공원으로 조성되었다.

만리포에서의 멋진 하룻밤

팔공준걸들 상서로운 구름 모이듯 했으니
신선 산다는 요대의 멋진 만남 비취색 바닷가였지
눈물의 이별 수시로 지켜본 달도 무색하여라
정담이 만 리에 퍼지니 술 향기 더해 가네

會宿萬里浦

八公俊傑集雲祥 팔공준걸집운상
嘉宴瑤臺外翠洋 가연요대외취양
淚別頻看無色月 루별빈간무색월
情談萬里酒加香 정담만리주가향

2017년 8월 28일

해설

교가가 "팔공은"으로 시작되는 고등학교 동기들이 1박 2일로 예산 수덕사와 태안 만리포해변 그리고 천리포수목원을 다녀왔는데 미진한 여흥은 숙소 밖 평상까지 야심토록 자리 이어졌는데 그때 오고간 고담준론은 그들만이 알고 있으리라.

가을날의 밤낚시

거울 같은 못에 창공 되비치는데
가을 하늘에 학 한 마리 날고 못에는 두 형제 나란하여라
낚시 드리운 어옹 어둔 밤 내내 고기의 꿈을 쫓았는데
조물주는 세상 낮 밝히려 불덩이를 끌어올리네

秋日夜釣

鏡池倒影碧虛窓 경지도영벽허창

鶴一秋天竝雁雙 학일추천병안쌍
垂者暗宵魚夢逐 수자암소어몽축
造君明畫火團扛 조군명주화단강

2017년 9월 3일 새벽에

해설

그저께 저녁 셋째 형님과 용인 원삼면의 고초골낚시터(학일저수지)로 밤낚시를 갔다. 벌써 몇 번째의 밤낚시로 아침마다 일출을 보는 행운을 가졌는데 그전 생각해 두었던 구절에 몇 자 수정하고 두 구를 보태 칠언절구 한 수 적어 보았는데 2구에서 학일鶴一(학 한 마리)과 안쌍雁雙(형제로 비유되어지는 기러기 두 마리)의 시어를 대비시켜 보았다.
학일鶴日저수지에는 학이 많아 일출사진 외에 비상하는 학을 더러 찍기도 했는데 그 지명과 관련해 병자호란 때 삼학사三學士 중의 한 분인 오달제선생이 태어난 후 마을이름을 학사에서 배울 학學 자를 취해 학일學日로 고쳤다는 이야기도 전해 온다.(정양화 저, 『용인의 땅이름』 용인시민신문사 참조)

삼가 굴원선생님께 드리다

창랑의 물이 늘 맑을 수는 없지
홀로 그 몸 바르게 해 벼슬길 멀리 떠났어야지
무슨 일로 물가 배회하다 어부의 한 소리 들었는가
푸른 용 옥황상제 사는 곳 몰아가기를 기다리는데

謹寄屈原

滄浪之水不常淸 창랑지수불상청
獨善其身離宦程 독선기신이환정
何事徊濱漁父責 하사회빈어부책
靑虯駕待玉皇京 청규가대옥황경

2017년 9월 8일

해설
굴원에 대한 글을 적으며 굴원에 대한 시를 소개하려 했으나 문장은 있어도 시는 찾지 못했다. 다만 마자재馬子才의 호호가浩浩歌에 屈原枉死汨羅水(굴원왕사멱라수, 굴원은 억울하게도 멱라에 몸을 던졌고)라는 구절만 찾았을 뿐이다.
그래서 부득이 직접 위 시 한 편을 지었는데 넷째 구의 청규가대는 굴원의 섭강涉江 중 吾方高馳而不顧 駕靑虯兮驂白螭 吾與重華遊兮瑤之圃 登崑崙兮食玉英(오방고치이불고 가청규혜참백리 오여중화유혜요지포 등곤륜혜식옥영, 나는 이제 높이 달려 돌아보지 않고 뿔 돋친 청룡으로 수레 끌고 뿔 없는 백룡으로 참마삼아 나는 중화님과 옥수玉樹밭을 노닐며 곤륜산에 올라가 옥의 꽃을 먹으리라)이라는 구절을 참고했다.

지리산에 올라 운해를 보다

단풍 빛 점점 물들어 두류산을 수놓는데

물색은 서늘함 가득히 상쾌한 기운의 가을날이라
짧은 오름 긴 휴식 끝에 마침내 정상을 밟으니
푸른 하늘 온 시야로 첩첩구름 떠 있네

登頭流 觀雲海

楓光漸染繡頭流 풍광점염수두류
水色專涼爽氣秋 수색전량상기추
短陟長休纔踏頂 단척장휴재답정
碧虛極目疊雲浮 벽허극목첩운부

2017년 10월 10일

해설
추석 연휴를 맞아 친구 보니와 1박 2일로 지리산 천왕봉을 다녀왔다. (중산리 쪽으로 해서 오르고 내려옴)
지리산은 신라 5악의 남악으로 어리석은 사람이 머물면 지혜로운 사람으로 달라진다 해 지리산智異山이라 이름 지어졌으며 멀리 백두대간白頭大幹이 흘러왔다 해 두류산頭流山이라고도 불렸다 한다.

애덕령을 지나면서
부제: 김대건 신부님을 기억하며

하나님의 은혜와 사랑을 몰래 전하기 위해 꽃잎 스치며
지나시더니
이 고개로 마지막 가는 길 새들도 슬피 울며 뒤따랐으리
비록 일찍 선종善終했으나 치명致命 삼덕三德 실천했으니
미리내 저 하늘나라 주님의 품에서 영생 누리시리라

過愛德嶺
副題: 憶司祭 金大建

密傳恩寵拂花過 밀전은총불화과
此嶺隨終輓鳥歌 차령수종만조가
雖夭捨身三德踐 수요사신삼덕천
永生懷主在銀河 영생회주재은하

2017년 12월 11일

해설
지난 토요일 용인 장촌에서 애덕고개를 넘어 안성 미리내성지로 산행을 갔다.
고개 정상에 애덕고개 표지석이 있었는데 한국 최초의 사제서품을 받은 김대건(1821-1846) 김 안드레아 신부가 이 고개를 따라 사목활동을 했고 천주교 박해로 새남터에서 순교한 후 이민식 빈첸시오가 몰래 그 시신을 수습해 미리내성지 쪽으로 운구할 때도 이 고개를 넘었다 한다.

용인에는 김대건 신부가 어릴 적 살았던 양지면 부근 은이성지와 이동면 묵리의 한덕골 등 여러 곳에 천주교 유적지가 있는데 은이성지에서 미리내성지를 잇는 13.4킬로미터 구간(4시간 30분 소요)에 삼덕고개 구간이란 이름으로 등산로가 조성되어 있다.

3구의 삼덕은 향주삼덕向主三德의 준말로 하느님께 나아가는데 필요한 믿음(신信), 소망(망望), 사랑(애愛)의 세 가지 덕목을 말하는데 위 애덕고개는 사랑의 덕을 지칭하는 고개란 의미인데 김대건 신부의 일대기는 벗인 보니가 출간한 『26이여 이륙하라』라는 책에 자세히 소개되어 있다.

끝으로 미리내는 은하수의 순 우리말 표현인데 박해를 피해 교우촌을 형성하면서 밤이면 집집 불빛이 달빛 비치는 냇물과 어우러져 은하수처럼 보여 미리내란 이름이 붙여졌다고 한다.

임청장 퇴임축하시

앞산의 측백 향기 두르고
신천의 노을 빛 보듬었으니
이름에 걸맞게 덕을 밝히는 마을이요
기세를 북돋워 인재를 키우는 구청이로세
오로지 은혜로 삼선三選의 중임 마쳤는데
오히려 사방에서 칭송하니 부끄러울 따름이라
은퇴하면 몸이 신선처럼 가벼워질 터
유한한 인생이니 흰 구름 따라 노니시기를

林廳長 退任祝賀詩

成佛柏香泛　성불백향범
傍川霞彩收　방천하채수
符名明德里　부명명덕리
活氣育英區　활기육영구
專澤三期了　전택삼기료
猶譽四處羞　유예사처수
掛冠身化羽　괘관신화우
限壽白雲遊　한수백운유

2018년 3월 1일

해설

2018년 6. 13 지방선거로 대구광역시 남구청장 삼연임을 마감할 벗인 임병헌 청장의 퇴임을 축하하기 위해 미리 지어본 시다.
1구의 성불산은 앞산의 옛 이름이고 2구의 방천은 대구의 남북을 가로지르는 신천新川을 말하며 3구의 명덕은 남구에 소속된 동으로는 이천동을 제외하면 모두가 대명동大明洞과 봉덕동鳳德洞이라 그 가운데 글자인 명明과 덕德 자를 조합하니 명덕明德이 되는데 그런 어원에서인지는 몰라도 관내에 대구 전통의 명덕초등학교도 있고 아울러 대구의 광역화로 시 경계가 넓어지면서 남구는 면적과 인구가 상대적으로 작아졌지만 인재의 육성을 중점사업으로 추진하고 있다 하고(4구 참고) 7구의 괘관은 갓을 걸어 둔다는 의미로 공직에서의 은퇴함을 말하는데 이후 다시 2022년 3월 대선과 동시에 치러진 보궐선거로 국회에 입성해 8구의 백운유는 뒷날을 기약해야 하리라.

벗, 그리고 선녀와 함께 북한산에 올라 느낀바

삼각산 가로 비껴 떨어져 여러 봉우리들
새봄 산길 오르니 경물마다 아름다워라
우뚝 솟아 서 있는 바위는 흰 떡을 모아 놓은 듯
무리해 가는 알록달록한 모습은 붉은 꽃이 흩어져 있는 듯
경계로 귀속시킨 성왕聖王(진흥왕)의 순수비 빛나는데
이국 땅 외로운 신하의 돌아갈 꿈 아득하구나
왕조의 흥망성쇠 회고할 적에
오카리나 한 소리 도성의 집집마다 가득하여라

與友伴仙 登北漢山有懷

諸峰三角落橫斜 제봉삼각낙횡사
登茀開春景物佳 등불개춘경물가
聳出立岩叢白餅 용출입암총백병
群行斑色散紅花 군행반색산홍화
屬邦聖帝巡碑赫 속방성제순비혁
異域孤臣返夢遐 이역고신반몽하

社稷盛衰懷古際 사직성쇠회고제
一聲缸笛滿城家 일성항적만성가

2018년 3월 6일

해설

3월 3일 벗 보니와 집사람 등 셋이서 북한산 등산을 갔다. 불광역에서 출발해 비봉碑峰 밑에서 향로봉을 거쳐 내려오는 코스였다.
북한산의 옛 이름은 삼각산三角山인데 산의 주봉 세 개가 뿔처럼 생겼다 해 그런 이름이 붙여진 모양인데 북한산에는 신라 진흥왕 때 세운 순수비가 있고(그래서 비봉이라 불린다) 조선 중기 주전파인 김상헌金尙憲이 청으로 끌려갈 때 불렀던 시조 가사에 역시 삼각산이 등장하고 그 외 연산군의 연회터인 탕춘대蕩春臺 등 여러 사적이 있다.
처가 등산로 외진 바위를 찾아 가져간 오카리나를 불고 돌아오는 길에 그날도 광화문 일대에 집회가 있어 교통체증이 아니라 나라의 장래가 염려되는 하루였으나 어쨌든 춘삼월 호시절이었다.

그림을 보며

참된 글은 글자 넘어 멋이 있고
수묵화는 그림 밖에 정이 있네
쪽빛과 청색조차 구별 못하는데
꽃향기는 어디에서 피어오르나

看畵

眞言頭字趣 진언두자취
水墨外圖情 수묵외도정
無別藍靑異 무별남청이
香薰何處生 향훈하처생

2018년 3월 15일

해설
본인 블로그 독자인 어느 수녀님을 보니는 귀인으로 호칭하는데 그 귀인의 그림에 대한 제화시題畵詩로 비록 그림에는 문외한이지만 참새 앉아 있는 가지가 무슨 나무인지 그 꽃향기 이곳까지 은은히 전해 오는 듯한데 그림에 적힌 진수무향眞水無香(맑고 깨끗한 물은 본디 향내가 없다)의 네 자를 첫 머리 자로 해 지은 시다.

사천에서의 만남을 회상하며

그윽한 난은 세속 밖이라도 늘 찾을 수 있는 것 아니고
작은 옥은 주머니 속이라도 만 리 빛을 발한다네
포구를 사이에 둔 견우직녀에게 하늘이 까치를 보냈으니
봄날 밤 천금 같은 아름다운 만남, 달은 바닷가 모래 위 서리를 펼쳤네

泗川有懷

幽蘭塵外不尋常 유란진외불심상
小玉囊中萬里光 소옥낭중만리광
隔浦織牛天遣鵲 격포직우천견작
千金雅會月沙霜 천금아회월사상

2018년 5월 16일

해설

2018년 4월 말에 개최한 사천 한시백일장 겸 휘호대회에 나는 한시로, 유곡幽谷은 휘호로 같이 참가했는데 각각 부부동반으로 내자에게는 오래전 경옥競玉이란 호를 지어 주었는데 친구의 부인에게는 호가 없어 남편의 호인 유곡(그윽한 골짜기)에는 반드시 지란芝蘭(지초와 난초)이 있게 마련이라 그로 호 삼기로 생각해 두었다 부부들 호의 앞뒤 자를 조합해 친구 부부의 유란幽蘭과 우리 내외의 소옥小玉을 넣어 시를 지어 보았다. 그날 저녁에 사천 바닷가의 횟집에서 만나기로 했으나 친구의 차가 펑크 났다는 연락이 와 그 위치를 대충 헤아려 쳐다보니 횟집 바로 지척간의 바닷물로 격한 맞은편에 보이는데 그 애절한 처지가 마치 칠석날 서로를 그리는 견우와 직녀 같아 보였지만 보험회사 정비직원이 멀리 하동에서 장시간 달려와 수리를 해 주어 극적인 상봉을 하게 되었다. 4구의 천금은 소식의 시 춘야 속 시어인데 백일장 결과발표 대기시간에 휘호대회의 채점관으로 오신 듯 보이는 서예가 한 분이 그날 나누어 준 종이우산 위에 글을 적어 주기에 처를 시켜 위 유란소옥幽蘭小玉이란 귀한 글을 받도록 했는데 소식의 시는 다음과 같다.

봄밤

봄밤 한 시각이 천금의 값이라
꽃은 맑은 향기를 뿜고 달은 그림자 드리웠네
노래와 거문고 소리 끝고요하고
그네 뛰던 후원의 뒤뜰에 밤은 깊어만 간다

春夜 蘇軾

春宵一刻直千金 춘소일각치천금
花有淸香月有陰 화유청향월유음
歌管樓臺聲寂寂 가관누대성적적
鞦韆院落夜沈沈 추천원락야침침

대청봉에 올라 일박 후 백담계곡으로 내려오다

대청봉에 키 여섯 자 높이 보태기 위해
선명한 녹색의 계절 세 친구 산행 길 나섰네
정상에 오를 때까지 해는 떨어지길 기다려 주고
대피소 두른 별들 빛을 발하며 맞이하네
엉겼다 사라지는 새벽안개 지나치니
멀어졌다 가까워지는 시내소리 끝없어라

귀를 씻고 신기 가득 채웠으니
풍진세상 속 넉넉히 팽조를 쫓으리라

登頂大靑泊下百潭溪

大靑加六尺 대청가육척
鮮綠友三行 선록우삼행
落日登峰待 낙일등봉대
輝星遙宿迎 휘성요숙영
凝消過曉霧 응소과효무
遠近盡溪聲 원근진계성
洗耳充眞氣 세이충진기
風塵裕逐彭 풍진유축팽

2018년 5월 23일

해설

벗인 보니, 향산向山과 함께 석가탄신일을 이용해 설악산 대청봉 등정 후 중청대피소에서 일박하고 백담계곡으로 내려왔는데(보니와의 작년 가을 지리산 천왕봉 등산 때 후일 대청봉에 키 여섯 자 높이 더하자는 약속을 지키기 위해서였다) 오르는 도중 다리에 경련이 일어 많이 지체되었으나 대청봉 정상을 밟자 비로소 해가 앞산을 넘어갔고 밤에는 대피소 하늘 위로 많은 별들이 빛을 발하며 우리 일행을 맞아주는 듯했다.
다음 날 05:50 새벽안개를 헤치고 이른 산행을 계속했는데 때마침 초파일이라 봉정암, 영시암, 백담사 등 지나치는 암자, 사찰마다 연등이 줄지어 걸려 장관이었고 특히 하산코스가 백담계곡 코스라 내려갈 때마다 계곡이 멀어졌다 다시 돌아서는 가까워지기를 거듭해 온종일 맑은 수색水色, 수성水聲, 수기水氣와 함께해 약간 과장하자면 집에 도착해 옷을 벗을 때 푸른 물이 뚝뚝 떨어지는 듯했는데 마지막 구의 팽彭은 800년을 살다 신선이 되었다는 고대 전설상의 인물인 팽조彭祖를 말한다.

부여에서의 옛 놀이를 회고하며

두목의 시구가 지난 세월을 되돌려
아득히 먼 옛날 벗과의 놀이를 회고해 본다
위아래에서 이별의 대전역으로 모여
여기저기로 다니며 아름다운 사연들 남겼지
바위틈에 핀 꽃은 궁녀들의 한을 머금은 듯
정자 앞 강물엔 망국의 애수가 서려 있는 듯
지금도 능히 그때의 자취 찾아갈 수 있겠지만
젊은 날의 검은 머리는 되찾을 길 없어라

扶餘舊遊回顧

杜句年華返　두구연화반
遙茫顧舊遊　요망고구유
北南離驛會　북남이역회

彼此雅情留 피차아정류
礧隙花含恨 뢰극화함한
亭前水泛愁 정전수범수
只今能覓跡 지금능멱적
不敢奪黔頭 불감탈검두

2018년 7월 5일

해설

그저께 블로그에 올린 두목의 제안주부운사루기호주장낭중이란 시에 벗인 보니가 댓글을 올렸는데 내용인 즉은 30여 년 전쯤 서울과 대구에서 가족들을 데리고 대전역에서 만나 일박인지 이박을 하면서 백제의 고도인 부여 주위를 유람한 적이 있었는데 그때 낙화암 부근 정자에서 백마강을 굽어보며 그 물결에 망국의 비애과 석별의 아쉬움을 같이 흘려보낸 적이 있었는데 두목의 시를 보며 문득 그때의 일이 떠오른다며 그때 일을 시로 적어 보기를 권하고 그 또한 재미있을 것 같아 위 시를 짓게 된 것으로 위 두목의 시도 아래에 소개한다.

안주 부운사 누각에서 호주의 장낭중에게

작년 여름 성긴 비 내린 후
함께 붉은 난간에 기대어 얘기했었지
그때 누각 아래 흐르던 강물

지금 어디쯤 가고 있을까
한은 봄풀처럼 많은데
그때의 사연 외기러기와 함께 가 버렸네
초 강 언덕의 버드나무 언제나 다할까
이별의 수심 버들개지처럼 흩날리는데

題安州浮雲寺樓寄湖州張郎中 杜牧

去夏疏雨餘 거하소우여
同倚朱闌語 동의주란어
當時樓下水 당시루하수
今日到何處 금일도하처
恨如春草多 한여춘초다
事與孤鴻去 사여고홍거
楚岸柳何窮 초안류하궁
別愁紛若絮 별수분약서

두보의 시에 화답해 짓다
부제: 지치는 더위

아홉 개의 태양이 죽고 하나만 살았는데
용이 끄는 수레 길(황도黃道)조차 멋대로 낮추었는가

열기에 더해 찜통더위 밤낮으로 이어지니

피하려다 내치달아 숲과 계곡 뛰어드네

공명孔明에게 바람 부탁하려해도 이미 죽어 없어졌고

신궁神弓 예羿에게 겁 좀 주라 청하려해도 종적 알 길 없네

매미와 귀뚜라미도 다 정해진 때에 우는 법

만물의 운행엔 일호의 어긋남도 없다네

和答杜甫詩

副題: 酷暑

九死烏生一 구사오생일

龍車縱橫低 용거종횡저

熱尤蒸晝夜 열우증주야

避及奔林溪 피급분임계

蜀相憑風去 촉상빙풍거

神弓請怯迷 신궁청겁미

蟬蛩鳴定刻 선공명정각

世運不違兮 세운불위혜

2018년 7월 27일 중복에

해설

1, 2구와 관련해 열 개의 태양 중 아홉 개가 죽고 한 개만 살았다는 중국의 전설에 대해서는 종전 송구영신 시의 해설을 참고 바란다.

위 전설을 참고해 조금이라도 더위를 식혀보고자 발광하는 심정으로 지은 시로 벗 유곡이 보내 준 두보의 조추고열퇴안상잉 시에 화답하는 의미도 있는데 첫째 구의 오烏는 해 속에 다리가 세 개 달린 까마귀(三足烏, 삼족오)가 있다 해 해를 달리 표현하는 말인데(또 달에는 토끼가 산다고 해 토兎로 불린다) 아래에 위 두보의 시도 같이 소개한다.

늦더위 힘들어 죽겠는데 일거리는 쌓이고

칠월 여섯째 날 찌는 더위에 지쳐
음식을 대하니 잠깐 먹는 것도 힘겹구나
밤마다 실컷 벌레 물리는 것도 걱정인데
하물며 가을 들어서는 파리 더욱 극성이네
관복에 띠까지 매니 발광하여 소리라도 지르고 싶은데
문서더미는 뭐가 급해 잇달아 밀려드나
남쪽 바라보니 푸른 솔 작은 골짜기에 걸렸는데
어찌하면 겹겹 쌓인 얼음을 맨발로 밟아 볼까

早秋苦熱堆案相仍 杜甫

七月六日苦熱蒸 칠월육일고열증
對食暫飡還不能 대식잠찬환불능
每愁夜中自足蝎 매수야중자족갈
況乃秋後轉多蠅 황내추후전다승

束帶發狂欲大叫 속대발광욕대규
簿書何急來相仍 부서하급래상잉
南望靑松架短壑 남망청송가단학
安得赤脚踏層氷 안득적각답층빙

하계야유회를 다녀와 장난삼아 한 수 짓다

고르지 못한 가운데 때마침 날씨는 맑아
탁월한 하계야유회 태풍 뒤쫓아 동쪽 춘천에서 가졌네
세상 티끌 속 어찌 넉넉하고 그윽한 즐거움 얻을 수 있으랴
감히 최강의 회장단 공이라 돌리고 싶네

夏遊後 戲作一首

天氣時淸亂調中 천기시청난조중
夏遊卓越逐風東 하유탁월축풍동
世塵那得餘幽樂 세진나득여유락
憑敢最强任員功 빙감최강임원공

2018년 8월 26일

해설

전날 재경 고등학교 동기들이 하계야유회로 춘천을 다녀와 지은 시로 김유정 문학촌과 소양댐에서 배를 타고 청평사를 갔다 돌아오는 일정이 었는데 금년 찌는 듯이 계속 이어진 무더위와 이어 불어닥친 태풍이 제주도에 큰 피해를 남겼지만 이후 세력이 급격히 약화되어 강원도 동쪽으로 빠져나가 야유회 당일은 모처럼 만에 느껴 보는 쾌청한 날씨였다. 그날 동기 한 명이 하루 종일 다른 친구들을 칭찬하면서 남발한 최강이란 용어를 포함시켜 재미 삼아 좀 더 자유롭게 평측을 무시하고 고체시로 지어 보았다.

당구모임 후기

성내 나들이는 좋아라
서늘한 가을, 하루 동안 신선이 된 듯
(공을) 당기고 밀 때 뒤따를 결과를 헤아리고
(공이) 멀어졌다 가까워지니 우리 앞 인생길 생각나게 하네
대회전(니주)에 힘차게 공은 구르고
먼저 벽을 세 번 치는 뱅크샷(가락구)은 기발하구나
끝까지 식사와 술, 경품으로 넉넉하게 준비했으니
고등학교 벗들 당구모임에서 큐대를 희롱하는구나

棒筵後記

城內出遊好 성내출유호

涼秋一日仙 양추일일선
引推量果後 인추량과후
離合思生前 이합사생전
力轉再球繼 역전재구계
奇衝三壁先 기충삼벽선
備終餘膳食 비종여선식
高友弄棒筵 고우농봉연

2018년 9월 9일

해설
어제 서울에서 열린 고등학교 동기들의 연례 당구대회에 참가한 뒤 지은 시로 8구의 고우는 고등학교 동기들과 고매한 벗들이라는 중의重意를 가지고 있다.

뒷날 대기업 중국주재원을 오래한 동기의 말로는 중국에서는 당구를 대구臺球 또는 당구撞球로 표현한다고 하니 엄밀히 제목과 8구의 봉棒자를 대臺 또는 당撞 자로 바꾸어 표현함이 맞겠으나 한편으로 당구의 큐대를 당봉撞棒으로 표현하기도 해 봉棒 자를 그대로 사용함도 무난하지 않을까 생각하지만 8구의 봉棒 자가 평성 위치임에도 측성이라 위 시를 평측이 자유로운 고체시로 불러야겠다.

중추전야

한가위 둥근 보름달 같은 얼굴과

소박하고 간소화되었지만 옛적의 넉넉한 마음이여
마루에 놓아둔 사진, 엎지르는 손 피해 옮겨 두었으나
손자, 증손녀 보시라고 다시 제자리 갖다 놓았네

中秋前夜

中秋圓月面 중추원월면
素略舊寬心 소략구관심
外寫廳翻手 외사청번수
看孫定座臨 간손정좌림

2018년 9월 23일 새벽에

해설
추석이라 아들 내외가 두 손녀를 데리고 왔다. 어린애들이라 위험한 물건을 미리 다 치우면서 돌아가신 부모님의 생전 생일사진의 액자도 같이 큰 방으로 옮겼다가 아버지는 손자가 결혼하기 전 돌아가시는 바람에 손부와 증손녀들을 못 보아 며칠간이라도 보시라고 다시 거실 제자리로 갖다 놓으면서 새벽에 이 시를 쓴다.

수경회 송년모임을 축하하며

청운정과 황금들녘에서 품어온 뜻

화성행궁의 기운과 응하였나
자리에 가득하니 군계 중 학이요
명성을 떨치니 일세의 영웅이라
회원마다 모두 일월처럼 빛을 발하는데
모임을 거듭할수록 사방에서 부러워하네
이화향 서려 있는 밝은 달밤
노장의 선후배들 함께 즐긴다네

祝 水慶會送年筵

靑雲黃野志 청운황야지
應氣華城宮 응기화성궁
滿座群鷄鶴 만좌군계학
揚名一世雄 양명일세웅
皆人光日月 개인광일월
累會羨西東 누회선서동
白夜梨香泛 백야이향범
歡筵老壯同 환연노장동

2018년 12월 20일

해설
수원을 거점으로 한 경기도 내 경북고등학교 동문모임인 수경회水慶會의 송년모임을 축하하는 시다.

1구의 청운황야는 본인이 지은 개교백주년 기념축하시의 내용 중 경련의 仰天養氣靑雲址 耕地採瑤黃野邊(앙천양기청운지 경지채요황야변, 하늘 우러러 호연지기를 키웠던 청운정의 터요, 땅을 일구어 옥을 캐내는 황금들녘 가로다) 구절 속 청운과 황야이고 5구의 광일월은 굴원의 섭강涉江 중 與天地兮同壽 與日月兮同光(여천지혜동수 여일월혜동광, 천지와 같이 수를 하고 일월과 같이 빛을 낸다)을 전고로 사용했으며 7구의 이향은 이화향梨花香으로 그날 모임 장소가 수원시청 부근 이화정梨花亭이라 시어로 포함시켰다.

청계산에 올라

청계산의 모습 사계절 진경珍景인데
두 친구 신선되어 봄날의 여유론 즐거움이었네
잔설을 마주해 요기한 소나무 아래는 따뜻하고
지저귀는 새들 서로 쫓는 골짜기 사이에서 친근하여라
봄바람은 남몰래 간질러 움 틔우려 하고
끝가지는 억지라도 머물게 고깔모자를 벗기는구나
남북의 신령스런 못(백록담과 천지) 연이어 굽어보려는데
뜬구름 일어났다 사라지듯 짧은 인생에 어찌 자주 기약할 수 있으리오

登淸溪山

淸溪山景四時珍 청계산경사시진
羽化雙仙駘蕩春 우화쌍선태탕춘
殘雪對餐松下暖 잔설대찬송하난
囀禽相逐谷中親 전금상축곡중친
融風暗撫伸毛拳 융풍암무신모권
觸杪强留脫角巾 촉초강류탈각건
南北靈池連俯瞰 남북영지연부감
浮雲起滅奈期頻 부운기멸내기빈

2019년 2월 25일

해설

지난 토요일 벗 보니와 청계산에 올랐다. 3주 뒤 한라산 등정에 앞서 트레이닝 차원이라 최대한 긴 코스로 남부화물터미널에서 옥녀봉을 거쳐 매봉 정상을 밟고 하산했는데 정상 부근 소나무 아래 자리를 잡고 맞은편 산비탈의 잔설을 보며 과일을 깎아 먹던 도중 새들이 가까운 가지로 날아와 포즈를 취해 주었고 또 내려오다 고깔 털모자가 나뭇가지 끝에 공교롭게도 찔려 마치 누가 뒤에서 당기기라도 한 듯 벗겨지기도 해 한바탕 크게 웃기도 했는데 이를 모티브로 한 수 지어보았다. 마지막 구의 부운기멸은 불가의 生則浮雲起 死則浮雲滅(생즉부운기 사즉부운멸, 태어남은 뜬구름이 일어나는 것이요 죽음은 뜬구름이 사라지는 것이다)이라는 구절의 준말로 짧은 인생을 비유하는 말이다.

한라산에 올라

등산로 달리해 차례로 정상 오르니
믿음의 벗과 실컷 봄볕 쬐었네
사방 바다에는 푸른 물결 둘러 있고
외로운 분화구엔 흰 사슴 감춰졌구나
바람결에 유배객의 한 전해오는 듯 한데
어느 섬에 지초 향기 서려 있을까
진시황의 헛된 꿈이로구나
봉래산은 정말 아득하고도 아득하여라

登漢拏山

路分登頂次 로분등정차
階友曬春陽 계우쇄춘양
四海蒼波遍 사해창파편
孤盆白鹿藏 고분백록장
乘風傳謫恨 승풍전적한
何島泛芝香 하도범지향
始帝徒勞夢 시제도로몽
蓬壺正眇茫 봉호정묘망

2019년 3월 31일

해설

2주 전 빗 보니와 2박 3일로 한라산 등반을 다녀와 지은 시나.
제주도 하면 추사秋史의 유배지로 잘 알려져 있고 아울러 진시황제가 불로초를 구하기 위해 방사인 서복徐福(사기에는 서불徐市로 기록되었다 함)에게 동남동녀 삼천 명을 딸려 동해의 삼신산三神山을 찾아가게 했으나 실패하고 서귀포에서 되돌아가면서 정방폭포 벽에 徐市過此(서불과차, 서불이 이곳을 지나쳤다)란 글을 새긴 후 돌아갔다는 이야기가 전해 오는 곳으로 유명해 시에 그런 내용을 포함시켰는데 4구의 백록 또한 흰 사슴으로 신선세계의 동물이다.
총 19km 내외 거리를 2019년 3월 17일 07:00에 성판악을 출발해 18:15에 관음사 쪽으로 하산하는 긴 산행이었으나 날씨가 너무 좋아 섬 주위 바다를 멀리까지 조망할 수 있었는데 그날 백록담에는 물이 모두 말라 잔설만 일부 남아 있었고 정상 부근 응달엔 아직 빙판이 남아 있어 아이젠과 제주공항 부근에서 빌린 스틱이 크게 효용을 발휘한 하루였다.
보니는 올라가는 도중 사라오름까지 보고 간다고 옆으로 빠져 이후 각자 등산해 정상에서 만났고(1구) 2구의 계우는 보니와 고등학교 다닐 때 학교 부근 대봉성당 계단에서 서로 장래 포부를 이야기하던 친구로 지금껏 우의를 이어 온 친한 오래된 벗이란 뜻으로 사용했다.

제목 없음

나는 옳고 너는 그르다는 내로남불 하는 무리들
좋은 인재 쫓아내고 낙하산 내리꽂으면서 온갖 이유 둘러댄다
허물로 논하자면 오십 보, 백 보요

청렴으로 저울질한다면 재와 티끌 차이라
허물의 원인을 자기에게서 찾으라는 공자의 말씀
스스로 높아지려는 자를 낮추신다는 하나님 말씀
고치기를 꺼려함은 억지로라도 고쳐지게 됨 재촉하는 일
지도자로 비유되어지는 배도 백성으로 비유되어지는 물에 의해
뒤집힐 수 있음에

無題

吾是子非類 오시자비류
攘才傘飾屑 양재산식순
論過百其半 논과백기반
秤廉灰與塵 칭렴회여진
反求身魯叟 반구신노수
自高卑一神 자고비일신
憚改催强改 탄개최강개
覆舟君水民 복주군수민

2019년 4월 5일

해설
제목을 무제라 했는데 굳이 붙이라면 부제로 보선편상補選片想이라 하겠다.

시어는 맹목적인 답습이 아니라 새롭게 만들어 가야 하기에 1구에서 내로남불(내가 하면 로맨스 남이 하면 불륜)을 오시자비로 표현해 보았고 5구는 중용에 있는 공자의 말씀으로 원문은 子曰 射 有似乎君子 失諸正鵠 反求諸其身(자왈 사 유사호군자 실제정곡 반구제기신, 공자께서 말씀하시기를 활쏘기는 군자의 자세와 같음이 있으니 활을 쏘아 정곡을 벗어나면 자기 자신에게서 돌이켜 찾는다)이고 6구는 성경 말씀이며 7구 『논어』「자한」편에 있는 공자의 말씀인 過則勿憚改(과즉물탄개, 허물은 고치기를 꺼려하지 마라)와 관련이 있으며 8구의 군주민수君舟民水는 2016년 대학교수들이 뽑은 올해의 사자성어다.

정공의 유거를 찾아서

인자의 취향에 맞게 가려 거처하는 곳
꽃이 화창하게 흐드러진 산 속이라네
약간 외졌을 뿐인데도 풍진의 세상 밖이요
너그러움이 넉넉한 수월의 자연 사이라네
벗을 찾았건만 출타했다는 패찰만 걸려 있어
나그네길 그만두고 구름 쫓아 돌아오시게
추억의 실타래 풀어헤치기도 미진한데
굳이 얼굴 구할 필요 있으랴
아름다운 옛정, 그대를 위해 남겨둘 테니
곰곰 새기며 맑고 한가로운 날 보내시기를

尋鄭公幽居

卜棲仁者趣 복서인자취
方暢吐華山 방창토화산
小隱風塵外 소은풍진외
餘寬水月間 여관수월간
尋朋懸札去 심붕현찰거
止客逐雲還 지객축운환
未盡抽懷緖 미진추회서
所求何必顔 소구하필안
情芬因子置 정분인자치
吟味補淸閒 음미보청한

2019년 4월 19일 새벽에

해설

작년 8월에 유명을 달리한 벗 정공이 묻혀 있는 영천 은해사 수림장을 지난 토요일 몇몇 친구들과 찾았다. 새로 심은 듯 키 작은 소나무 아래 묻혔다는데 주위로 돌을 둘러 마치 울타리인양 경계 삼았고 나무 허리에 고인의 생전 이력이 적힌 황동 패찰이 걸려 있었는데 마침 봄철이라 꽃이 이곳 저곳 피어 있었고 아래로 과수원엔 복사꽃이 붉게 피었는데 그 친구 평소 산을 좋아했는데 인자仁者는 요산樂山이라 정말 딱 맞는 거처로 보였다.(1,2구 참고)

짓기 비교적 쉬운 오언으로 그것도 주저리주저리 하소연하는 송사宋詞를 많이 읽어서인지 배율排律로 지어 보았다.

다 떨어진 벚꽃에 느끼는 바 있어

요염함 뽐내려 비바람 견디며 움을 보전했는데
눈 조각 같이 꽃잎 떨어져 쌓이니 봄이 다한 듯 한스러워라
범상凡常과 수월殊越, 이르고 늦게 피고 지는 것 모두 하늘 화공畫工에 속한 일이니
온갖 모양으로 때에 따라 채색 중이라네

櫻花落盡有感

誇艶持拳耐雨風 과염지권내우풍
落堆雪片恨春窮 낙퇴설편한춘궁
凡殊早晚天工屬 범수조만천공속
各樣隨時彩色中 각양수시채색중

2019년 4월 25일 아침에

해설
점심시간에 자주 오르는 중앙공원 충혼탑 경내의 벚꽃이 다 진 것을 보고 지은 시로 올해에도 몇 번 만개한 벚꽃을 보기 위해 보니와는 점심

도시락을 준비해 갔다 때가 일러 실패하고 며칠 뒤 퇴근길에 집사람과 역시 도시락을 준비해 가 비로소 눈이 호강한 적이 있었는데 다시 어제 올라 보니 꽃이 다 떨어져 있었다.
1구에서 주먹 모양의 움을 권拳으로, 그리고 2구에서 눈 조각 모양의 떨어진 꽃잎을 설편雪片으로 표현해 보았다.

이릉의 시를 읽고

강다리의 이별 서글프다 못해 놀라기까지 하는데
한나라의 촉망받는 인재 문무로 다투었었지
온갖 쓰라렸던 인질의 고통 노래 따라 흩날려 버리고
구비 이어지는 고국의 향수 술에 띄워 마셔 버린다
기망한 기러기 공으로 추앙받는 절개로 되돌아오고
간언한 신하 무색하게도 욕된 이름에 떨어졌네
서로 다른 처지라 남고 떠남에 자주 고개 되돌리는데
오랑캐 말도 슬피 우니 그 소리 점점 멀어져 가네

讀李陵詩

臨別河梁惆及驚 임별하량추급경
鳳雛帝漢武文爭 봉추제한무문쟁
千辛質苦隨歌散 천신질고수가산
九曲鄕愁泛酒傾 구곡향수범주경

欺雁有功還仰節 기안유공환앙절
諫官無色落汚名 간관무색낙오명
去留異地頻回首 거류이지빈회수
胡馬哀嘶漸遠聲 호마애시점원성

2019년 7월 4일

해설

이릉의 여소무시삼수를 읽고 지어 본 시다.

이릉은 전한의 명장 이광李廣의 손자로 무제 때 기도위騎都尉가 되어 변방을 지키던 중 BC 99년 이광리李廣利가 흉노를 치자 보병 5000명을 거느리고 출정, 흉노의 배후를 기습하여 이광리를 도왔으나 귀로에 무기와 식량이 떨어지고 8만의 흉노군에게 포위되어 결국 항복하였고 이후 선우의 딸을 아내로 맞아들이고 우교왕右校王으로 봉해져 선우의 군사, 정치의 고문으로 활약하다 병사하였는데 흉노에게 용병술을 가르친다는 말을 전해들은 무제가 가족들을 모두 죽였으며 이때 사마천이 이릉을 변호한 탓으로 무제의 분노를 사서 궁형宮刑에 처해졌는데 이후 소제昭帝가 즉위하자 곽광霍光이 사신을 보내 불렀지만 돌아오지 않았는데 이릉의 분전, 항복의 비극은 중국인 사이에 시와 이야기로 전해지고 있다.

반면 소무도 전한 무제 때 중랑장中郞將으로 흉노에 사신으로 갔다가 억류되어 땅굴 속에 유폐되어 음식이 끊기므로 눈과 담요의 털을 씹으며 연명하였고 또 북해北海 가로 보내져 숫양을 치게 하면서 숫양이 새끼를 낳으면 살려 보낸다고 하자 쥐를 잡아먹으며 지조를 지키던 중 소제 때 한나라가 흉노와 화해하고 소무를 돌려보내라 요구하자 흉노는 소무가 이미 죽었다고 둘러댔으나 소무의 부관이었던 상혜常惠가 한나라 사신을 위하여 그 유명한 기러기 고사를 지어내었는데 즉 천자가 상림원上林苑에서 사냥하다가 기러기를 잡았는데 그 기러기발에 편지가 매달려 있었고 거기에 소무가 살아 있다는 내용이 적혀 있었다고 거짓말로 흉노를 속여 이에 소무가 귀국할 수 있게 되었다.

이릉의 위 시는 흉노에 남게 된 이릉이 고국으로 돌아가는 소무에게 지어 준 시로 시기적으로는 소무가 흉노에 사신으로 온 지 1년 후에 이릉이 항복했고 이릉은 흉노 땅에서 20여 년을 살다 죽었는데 위 시 역시 후인의 위작僞作이라는 설이 유력하다.

이릉의 시 셋째 수에서 마지막 이별의 장소가 하량河梁(강의 다리)이라 1구에서 하량을 언급했고 2구와 관련해 봉추鳳雛는 봉황의 새끼로 장래가 촉망되는 젊은 인재를 비유할 때 자주 사용되어지고 소무는 한 무제 때 사신으로, 이릉은 기도위로 활약한 문무의 신하이며 3구의 질質은 인질이란 뜻도 있으며 7구의 지地는 이 경우 처지, 형편이란 의미로 사용되었으며(물론 서로 다른 땅에 남고 떠나게 된다는 중의적 의미도 있다) 마지막으로 이별의 장소가 흉노 땅이라 8구에서 호마胡馬란 시어를 사용했는데 함련과 경련에서 앞 구는 소무를, 뒤 구는 이릉을 나누어 표현했는데 아래에 이릉의 시를 같이 소개한다.

소무에게 드리는 시

그 첫째

좋은 시간 다시 오지 않건만
작별은 잠깐 사이 달려 있네

큰길가에서 머뭇대고
손잡고 들판을 서성대네
올려보니 뜬구름 치달려
훌쩍 문득 서로 넘는구나
풍파에 한번 머물 곳 잃으면
각자 하늘 한구석 있게 되리
영원히 응당 이제 이별할 터
다시 잠시 걸음을 멈추시게나
새벽바람 불 때를 따라서
내 몸소 그대를 전송하리니

與蘇武詩 三首 李陵

其一

良時不再至 양시부재지
離別在須臾 이별재수유
屛營衢路側 병영구로측
執手野踟躕 집수야지주
仰視浮雲馳 앙시부운치
奄忽互相踰 엄홀호상유
風波一失所 풍파일실소
各在天一隅 각재천일우

長當從此別 장당종차별
且復立斯須 차부립사수
欲因晨風發 욕인신풍발
送子以賤軀 송자이천구

그 둘째

좋은 만남 다시 얻기 어려워
삼 년이 천 년이라네
그대 물가에서 긴 갓끈 씻음은
생각하니 그대 슬픔 가없기 때문
멀리 보면 슬픈 바람만 밀려와
술잔 대하고도 따를 수가 없네
길손 친구는 갈 먼 길 생각뿐
무엇으로써 우리 수심 달랠까
단지 잔 넘치는 술이 있으니
그대와 깊은 우정 엮어 보리라

其二

嘉會難再遇 가회난재우
三載爲千秋 삼재위천추
臨河濯長纓 임하탁장영

念子悵悠悠 염자창유유
遠望悲風至 원망비풍지
對酒不能酬 대주불능수
行人懷往路 행인회왕로
何以慰我愁 하이위아수
獨有盈觴酒 독유영상주
與子結綢繆 여자결주무

그 셋째

손을 잡고 강의 다리에 오르나니
길손이여 날 저문데 어디로 가려는가
작은 오솔길 가에서 머뭇거리며
서글퍼 작별 인사도 하지 못했네
가야 할 사람 오래 붙잡기 어려우니
영원히 기억하자 각자 말할 뿐
어찌 알랴 해도 달도 아니어서
기울고 차는 것 절로 때가 있음을
힘써서 밝은 덕을 높여
흰 머리로써 기약을 삼으세

其三

携手上河梁 휴수상하량
遊子暮何之 유자모하지
徘徊蹊路側 배회혜로측
悢悢不得辭 양량부득사
行人難久留 행인난구류
各言長相思 각언장상사
安知非日月 안지비일월
弦望自有時 현망자유시
努力崇明德 노력숭명덕
皓首以爲期 호수이위기

운조회 결성에 즈음해

티끌세상 속 물외의 경지 찾으니
아름다운 글과 그윽한 묵 향기 새로워라
구태여 흐르는 물 쳐다보는 고상한 선비는 되지 않으리
문학의 풍류 오랜 벗들과 실컷 나누리라

當結雲藻會

紅塵尋物外 홍진심물외
雲藻墨香新 운조묵향신

不敢臨流士 불감임류사
文風盡故人 문풍진고인

2019년 7월 16일

해설

고등학교 동기 중 서예, 한시 등에 관심이 있는 친구들의 모임을 한 번 결성해 보자는 의견이 있어 어제 뜻이 맞는 친구 우선 셋이서 모여 한시의 기초를 알려 주고 다음 모임 때까지 맹호연의 숙건덕강宿建德江과 왕유의 송원이사안서送元二使安西의 시에 나오는 신新 자, 인人 자, 그리고 진塵 자를 운으로 시를 한 수 지어 보라면서 나부터 우선 지어본 시인데 2구의 운조는 손작의 난정시 중 雋筆落雲藻(준필낙운조, 붓이 가면 아름다운 시어가 떨어지고)란 구절에서 취했는데 아래에 그 시를 같이 소개한다.

난정시

전해 오는 풍속으로 굽이진 물가에서 액운을 떨치니
머문 구름은 그윽한 숲을 덮었네
꾀꼬리는 긴 대숲 사이에서 노래하고
물속의 고기들은 물결을 희롱하고 있네
붓이 가면 아름다운 시어가 떨어지고
뜻깊은 말들이 붓끝에서 쪼개져 나오네

이 봄의 진수성찬이 어찌 달지 않으리오마는
음식 맛을 잊음은 아름다운 음악소리 때문이라네

蘭亭詩 孫綽

流風拂枉渚 류풍불왕저
亭雲蔭九皋 정운음구고
嚶羽吟修竹 영우음수죽
游鱗戱蘭濤 유린희란도
雋筆落雲藻 준필락운조
微言剖纖毫 미언부섬호
時珍豈不甘 시진기불감
忘味在聞韶 망미재문소

여해에게 부치다

천 갈래 물줄기 받아들여 바다가 되듯이
온갖 나무들 생육케 하는 산이 되소서
힘쓰되 때때로 여유 생기면 살 같은 세월 붙잡아 두고
달 아래 청담의 한가함 누리시기를

寄如海

千水吸如海 천수흡여해
萬根生作山 만근생작산
力餘停矢歲 역여정시세
月下淸談閑 월하청담한

2019년 7월 18일

해설
운조회 결성에 즈음해 단톡방에 한 수 올리니 여해가 자기 호로 한 수 부탁하기에 지어 보았는데 1,2 구는 조조의 단가행 하단부분을 참고했으며 아래에 그 시도 같이 소개하는데 단가행은 연회에 사용되던 가사로 악부시집에 실려 있으며 그 내용은 먼저 살같이 빠른 세월을 탄식하고 이어 세상을 구할 인재를 갈망하면서 끝으로 자신의 웅지雄志를 언급해 전체적으로 작가의 드높은 기개가 잘 드러난 작품이다.

단가행

술을 마주하고는 응당 노래를 불러야지
한평생이 얼마나 되겠는가
비유하자면 아침이슬과 같아서
지난 세월에 괴로움 많았도다
비분강개하여 노래 부르니
가슴 속에 맺힌 근심 잊을 수 없네

무엇으로 근심을 풀 수 있을까
오직 술이 있을 뿐이라
푸르고 푸른 그대의 옷깃이여
오래 내 마음에 간직되어 있다
다만 그대를 잊지 못하여
지금까지 깊은 그리움에 잠겨 있네
메에메에 사슴이 소리 내어 우는 것은
들판의 풀을 함께 먹으려는 것
나에게 훌륭한 손님이 찾아오면
거문고를 타고 생황을 불리라
환하고 밝은 저 달은
언제나 그 운행을 멈출까
가슴 속에서 솟는 근심
마찬가지로 그칠 줄 모른다
이 길 저 길을 건너고 넘어
이곳에 안부 물으려 왕림했으니
만난 기쁨에 잔치를 열고서
마음에 옛 정을 품고 담소한다
달빛 밝아 별빛 희미한데
까마귀와 까치 남쪽으로 날아가지만
나무 주위를 빙빙 돌 뿐
어느 가지에 의탁할 수 있을까
산은 높이를 꺼리지 않고

바다는 깊이를 싫어하지 않는 법
주공이 성심으로 선비를 대하자
천하가 마음으로 귀의하였다

短歌行 曹操

對酒當歌　人生幾何　대주당가 인생기하
譬如朝露　去日苦多　비여조로 거일고다
慨當以慷　幽思難忘　개당이강 유사난망
何以解憂　唯有杜康　하이해우 유유두강
靑靑子衿　悠悠我心　청청자금 유유아심
但爲君故　沈吟至今　단위군고 침음지금
呦呦鹿鳴　食野之苹　유유록명 식야지평
我有嘉賓　鼓瑟吹笙　아유가빈 고슬취생
明明如月　何時可掇　명명여월 하시가철
憂從中來　不可斷絶　우종중래 불가단절
越陌度阡　枉用相存　월맥도천 왕용상존
契闊談讌　心念舊恩　결활담연 심념구은
月明星稀　烏鵲南飛　월명성희 오작남비
繞樹三匝　何枝可依　요수삼잡 하지가의
山不厭高　海不厭深　산불염고 해불염심
周公吐哺　天下歸心　주공토포 천하귀심

태백의 노래

대붕가 한 수로 귀양살이 끝내고 신선나라 되돌아가니
남겨 전해지는 빼어난 노래 뭇 시인을 압도하도다
표일하게 바람을 타니 천마의 기세인데
이를 흠모해 소백이라 자호하니 어떠하신가?

太白歌

還仙畢謫大鵬歌 환선필적대붕가
神韻遺傳壓倒他 신운유전압도타
飄逸乘風天馬勢 표일승풍천마세
欽之小白號如何 흠지소백호여하

2019년 7월 22일

해설

종전 태백의 노래가 운이 맞지 않아 운을 맞추어 새로 지었는데 소백小白을 자호로 사용하게 된 경위도 아울러 밝혔으며 1구의 대붕가는 대붕을 언급한 이백의 임종가를 말하고 3구와 관련해 이백이 자신의 신세를 천마의 일생에 기탁해 천마가란 시도 지었는데 아래에 이백의 임종가도 같이 소개한다.

임종가는 작가가 죽음을 앞두고 미리 지은 시로 원본에는 임로가臨路歌로 되어 있다 하는데『장자』「소요유」편에 나오는 붕鵬새에 자신을 비유해 인생여정의 못다 이룬 꿈과 회한을 노래한 시로 역시 이백은 살아서도 이백이요 죽음을 앞두고도 이백이며 죽은 뒤에는 아이들이 부르는 달 노래 속에서도 살아 있는 영원한 우리의 벗임이 틀림없다.

임종의 노래

천지를 진동하며 큰 붕새 날았다가
힘이 부쳐 날개죽지 중천에서 꺾였지만
그 영향이 온 세상을 격동시켜
마치 해 뜨는 부상에서 노닐며 큰 소매로 해를 덮는 듯했다네
후세 사람들 알아서 이를 전하겠지만
공자님 안 계시니 뉘라 눈물 흘려주리오

臨終歌 李白

大鵬飛兮振八裔 대붕비혜신쌀예
中天摧兮力不濟 중천최혜역부제
餘風激兮萬世 여풍격혜만세
游扶桑兮掛石袂 유부상혜괘석몌
後人得之傳此 후인득지전차
仲尼亡兮誰爲出涕 중니망혜수위출체

슬픈 사랑 이야기

지나치는 곳의 슬픈 사랑 이야기 들으니
바다 멀리서 나그네의 향수 일어나네
젊은 나이에 남녀가 헤어져
백발 생기도록 원망과 애정 그대로였다네
호기심 쫓아 세상을 종횡무진 다녔고
남겨진 어머니와 고개에서 학수고대 기다렸었지
하늘이 불쌍히 여겨 옛집으로 되돌아가게 했으니
해 저물녘 남은 노을 거두어 감 같았지
품속에서 일생을 마치게 되니
심중에 만 가지 일 떠올랐겠지
다감한 사람 이 사연 곡으로 만들었으니
가랑비 속 애절한 선율 흐르네

悲戀歌

過處聞悲戀 과처문비련
海隅起旅愁 해우기여수
靑春男女別 청춘남녀별
白髮怨情留 백발원정류
奇好縱橫世 기호종횡세
肩姑鶴首丘 견고학수구

天矜舊戶返 천긍구호반
日暮殘霞收 일모잔하수
懷裏一生盡 회리일생진
心中萬事浮 심중만사부
感人以是曲 감인이시곡
細雨絶音流 세우절음류

2019년 7월 27일 새벽에

해설

동계올림픽이 열렸던 노르웨이의 릴리함메르에서 제2의 도시인 뵈르겐으로 가는 도중 가이드로부터 솔베이지의 노래의 배경이 된 마을을 지나치면서 그에 관한 이야기를 들은 후 근 1년 만에 지은 시로 그 사연은 다음과 같다.

부잣집 외아들로 태어났으나 이후 몰락해 어머니와 어렵게 살아가던 페르귄트는 몽상가로 사랑하는 여자를 남겨 두고 전 세계로 방랑의 길을 떠나 온갖 모험을 하면서 영화를 누리고 또 고생을 겪다 늙고 병들어 고향으로 되돌아오게 되는데 그동안 솔베이지는 그의 어머니를 돌보다 그녀가 죽자 그 집에서 페르귄트가 돌아오기를 기다리며 홀로 지내다 돌아온 페르귄트를 맞이하며 그가 품에 안겨 죽을 때 그 유명한 솔베이지의 노래를 불러 주는데 그 곡은 원래 노르웨이의 대문호 입센의 희곡 페르귄트의 부속음악으로 노르웨이의 국민음악가인 그리그가 작곡을 했다는데 그날 차창을 흐르는 가랑비 속에서 애절히 흐르는 바이올린 선율인가가 지금도 귀에 쟁쟁한데 이를 시작詩作하기 위해 몇 번이나 시도를 했으나 포기하고 미루다 이제야 겨우 완성을 했다.

가을날의 주산지

기대치 않았던 별들의 향연 실컷 즐긴 뒤 돌아와
전전반측輾轉反側하다 못으로 내달리니 칠흑 같은 어둠뿐이라
소란스레 모이는데 한기 더하자 성긴 물안개 피어오르고
희미하게 밝아 오니 전방 불콰한 병풍 숲에 눈이 놀라지네
단풍 비친 골짝 가마엔 못물 끓을까 의심스럽고
유리 같은 물 위 사뿐히 걷다 물의 정령 미끄러질까 두렵네
작품사진 찍지는 못했지만 어찌 괘념하리오
마음 판 새긴 가을날의 풍광 오래도록 아름다울 텐데

秋日注山池

不期星宴盡歡旋 불기성연진환선
轉側投池漆黑專 전측투지칠흑전
喧集益寒疎霧上 훤집익한소무상
微明驚眼醉屛前 미명경안취병전
照楓谷釜疑煎水 조풍곡부의전수
輕步琉璃恐滑仙 경보유리공활선
出寫未功何掛念 출사미공하괘념
印心秋色久娟娟 인심추색구연연

2019년 11월 14일 대입수능일 새벽에

해설

벗 보니와 1박 2일로 주산지와 주왕산을 다녀왔는데 주산지의 물안개를 보기 위해 첫날 주산지 부근 민박집에서 잠을 청하다 잠이 오지 않아 한밤중 미리 사진 찍을 장소를 알아볼 겸 못으로 가던 중 하늘에 펼쳐진 손에 잡힐 듯 가까이에 있는 무수한 별들을 덤으로 보았고 다음날 새벽 5시 전에 못에 도착했으나 이미 여러 사람들이 카메라 받침대를 설치해 기다리는데 새벽녘 피어오르던 물안개가 날이 개이자 같이 사라져 결국 물안개 낀 물속 왕버들의 자태를 사진으로 남기지는 못했다.

6구의 경보輕步는 애초 미보微步로 생각했으나 4구에 미명微明을 미리 사용해 부득이 미微를 경輕 자로 변경했는데 이는 조식의 낙신부에 나오는 凌波微步 羅襪生塵(능파미보 나말생진, 물결을 밟는 듯 사뿐히 걸으니 비단 버선에 먼지가 이네)의 구절을 전고로 사용했다.

주산지는 1720년 축조한 저수지로 물 속 수령이 삼백 년이나 된 왕버들과 못에 피어오르는 물안개 그리고 물속에 비친 반영反影으로 전국의 사진작가들이 즐겨 찾는 곳인데 청송 유네스코 세계지질공원의 24개 지질명소 중 하나로 지정되었다 한다.

유곡이 이 시에 화답해 7,8년 전 청송에 가 주왕산과 주산지를 둘러보고 심씨고택에 숙박한 기억을 되살려 지은 시를 보내와 아래에 같이 소개하는데 6구의 백옥반은 달을 묘사한 표현으로 다른 운 자들이 산통刪統운인데 비해 반盤 자는 한통寒統운이라 이와 같이 발음이 비슷한 운자를 서로 호환해 사용하는 것을 봉운通韻이라 하는데 잘 사용하지 않는 용법이긴 하나 경련의 대가 그 한 글자로 멋지게 이루어졌으며 아래에 낙신부의 구절까지 같이 소개하는데 이는 낙수洛水의 여신이 혼자 그리고 다른 여러 신령들과 물가에서 노닐며 거동하는 모습을 묘사한 부분이다.

낙수의 여신 중

이에 낙수의 여신이 느끼고
이리저리 배회하니
신령스런 광채가 흩어졌다 모였다 하고
그늘졌다 밝아지고 하네
가벼운 몸 웅크리니 학이 선 듯한데
마치 날기 전에 몸을 솟구치는 모습 같네
산초나무 길을 밟으니 향기가 짙고
두형 자라는 곳을 걸으니 방향芳香이 흐르네
슬프게 영원한 사모의 정 길게 읊조리니
소리는 애달프고 더욱 기네
이에 뭇 신령들이 모여들고
짝이나 동료를 부르네
맑은 물속에서 놀기도 하고
모래톱 위를 날기도 하며
혹 밝은 구슬을 줍고 있고
혹 비취 새의 깃털을 모으고 있네
상수湘水의 두 부인을 따르게 하고
한수漢水의 신녀가 손잡고 오네
포과성匏瓜星이 짝 없음을 탄식하고
견우성牽牛星은 홀로 있음을 한탄하네
올라간 가벼운 옷자락은 살랑살랑 날리고

긴 옷소매로 가리고 우두커니 서 있네
몸은 나는 오리처럼 빠르고
바람처럼 문득 나타나고 사라짐이 신비롭네
물결에 올라 가벼운 발걸음 옮기니
비단 버선에 먼지가 이네

洛神賦 中 曹植

於是洛靈感焉 어시낙영감언
徙倚彷徨 사의방황
神光離合 신광이합
乍陰乍陽 사음사양
竦輕軀以鶴立 송경구이학립
若將飛而未翔 약장비이미상
踐椒塗之郁烈 천초도지욱렬
步蘅薄而流芳 보형박이류방
超長吟以永慕兮 초장음이영모혜
聲哀厲而彌長 성애려이미장
爾乃衆靈雜遝 이내중령잡답
命儔嘯侶 명주소려
或戲淸流 혹희청류
或翔神渚 혹상신저
或采明珠 혹채명주

或拾翠羽 혹습취우
從南湘之二妃 종남상지이비
攜漢濱之游女 휴한빈지유녀
歎匏瓜之無匹兮 탄포과지무필혜
詠牽牛之獨處 영견우지독처
揚輕袿之猗靡兮 양경규지의미혜
曳修袖以延佇 예수수이연저
體迅飛鳧 체신비부
飄忽若神 표홀약신
凌波微步 능파미보
羅襪生塵 나말생진

가을날 청송에서 한가히 노닐 때를 회고하다

바쁜 가운데 잠시 틈을 내 속세를 벗어나니
가을날의 청송에서 온갖 염려 떨쳐 버렸네
주왕굴을 가린 바위 안개 걷히자 우뚝 솟아 있고
주산지의 물에 잠긴 왕버들 단풍 물들어 아롱져 가네
교외의 들녘을 가르는 황금물결 일렁이고
고택의 하늘 드높이 백옥 같은 달 떠 있어라
장작온돌 아랫목에 누워 귀뚜라미 울음 들으며
정 많았던 어린 시절 꿈 속 노닐러 되돌아가네

秋日靑松閑遊懷古 幽谷

忙中脫俗暫偸閑 망중탈속잠투한
秋日靑松百慮刪 추일청송백려산
王窟祕巖披霧聳 왕굴비암피무용
注池浴柳染楓斑 주지욕류염풍반
郊村剖野黃金浪 교촌부야황금랑
古宅凌虛白玉盤 고택능허백옥반
聽臥蛩吟薪火奧 청와공음신화오
多情孩節夢遊還 다정해절몽유환

경맥문학회 창립 10주년 기념축시

전원에서의 일흥을 쫓고
강가에서의 소요함 영위하였네
아름다움을 경작하니 도연명의 취향이요
교묘함을 낚으니 두보의 열정이로다
홍안의 백삼선白三線에 품은 뜻
희끗한 귀밑머리에 천년의 영화로 남았네
떳떳함을 밝혀 난세를 이끌어 가고
즐거움을 둘러 화평 시절 맞이한다
아름다운 시 담담함으로 가슴을 맑게 하고

드높은 노래 올곧음으로 귀를 씻어 주네
10년을 이어 온 경맥문학회의 축하모임
교교하기가 달빛과 다투는구나

慶脈文學會 創立十週年 記念祝詩

逸興田園逐　일흥전원축
逍遙江渚營　소요강저영
耕姸五柳趣　경연오류취
釣巧少陵情　조교소릉정
三線紅顏志　삼선홍안지
千秋衰鬢榮　천추쇠빈영
明彝遇亂導　명이우란도
周樂治平迎　주락치평영
雅藻澄膺澹　아조징응담
高歌洗耳貞　고가세이정
歷旬慶脈宴　역순경맥연
皎皎月光爭　교교월광쟁

2019년 12월 9일

해설
연말 경북고등학교 동문들 문학회 모임인 경맥문학회 창립 10주년 기념행사를 앞두고 미리 지어 본 축하시이다.

회갑기념 축하시

같이 늙는 것 깨닫지 못하고 손녀들 자라는 것만 깨닫다
안방의 포도나무 같은 아내 회갑이 되었구나
양귀비와 다투던 미모 흙먼지처럼 가벼이 내려다보고
동행하는 주님을 지존으로 우러러 사모하는구나
자녀를 위한 간구로 만사가 형통해지고
남편에 대한 기도응답으로 금술통 엎어 버렸네
더해 원하기는 미혹하는 세상에 높으신 이름 찬양하면서
오래도록 수壽하며 매일매일 은혜 충만하기를

回甲記念 祝詩

不覺肩衰覺長孫 불각견쇠각장손
葡萄內室甲回元 포도내실갑회원
視卑競玉姿塵土 시비경옥자진토
慕仰同行主至尊 모앙동행주지존
爲息懇求亨萬事 위식간구형만사
於郞應禱覆金樽 어랑응도복금준
願餘惑世高名讚 원여혹세고명찬
延壽無疆日日恩 연수무강일일은

2019년 12월 11일

해설

내자의 회갑축하시다.

1구의 견肩은 어깨라는 뜻인데 의미를 넓혀 어깨를 나란히 하다와 같이 더불어, 함께, 같이 라는 의미로 사용했으며 2구의 포도내실은 시편 128편 3,4절의 "네 집 안방에 있는 네 아내는 결실한 포도나무 같으며 네 식탁에 둘러앉은 자식들은 어린 감람나무 같으리로다 여호와를 경외하는 자는 이같이 복을 얻으리로다"의 구절을 인용했으며 3구의 경옥과 관련된 일화로는 결혼 전 집사람에게 花顔月態競玉眞(화안월태경옥진, 꽃 같은 얼굴과 달 같은 자태는 양귀비와 다투더라)이라는 시를 지어주었는데 양귀비를 지칭하는 옥진玉眞(양귀비의 이름은 옥환玉環이고 도교식 이름은 태진太眞인데 시를 지을 때 잘못 혼동해 옥진玉眞으로 적었다)의 옥玉과 다툴 경競, 그래서 경옥競玉으로 내자의 별호를 짓고 경옥선자競玉仙子로 한동안 불렀는데 지금은 그런 한 인물하는 미모든 그 무엇보다도 하나님과의 바른 관계를 더 귀하게 여긴다는 뜻이 3,4구의 대의다.

이공에게 드리다

명산에의 취향 버릴 수 없어
사진으로 멋진 풍경 두루 보이네
유익한 벗 셋에 넉넉히 보탤 수 있으리
날개 없어도 온 세상 노닐 수 있기에

贈李公重山

不棄名山趣 불기명산취
寫眞勝覽周 사진승람주
餘加三益友 여가삼익우
無翮八荒遊 무핵팔황유

2019년 12월 16일

해설
우리 회 소속 이중산李重山변호사가 일요일마다 산을 찾아 멋진 풍경사진과 함께 글을 블로그에 올려 회원들의 눈을 호사케 해 그 보답의 의미로 지어 보낸 시로 3구의 삼익우는 『논어』「계씨」편에 나오는 유익한 벗 셋으로 정직한 사람, 진실한 사람, 견문이 많은 사람을 말한다. (益者三友 友直 友諒 友多聞 益矣, 익자삼우 우직 우량 우다문 익의)

중앙공원 현충탑 경내 벚꽃을 찾아서

소매 나란히 벚꽃을 찾아
계단 올라 비단 자리 깔았네
꿀을 모으는 벌은 분주히 스스로 날아다니고
짝을 찾는 새는 쫓아 서로 친근해하네
날리는 붉은 꽃비 한스러운데
흩어진 옥 비늘 같은 꽃잎 무심하여라
어수선한 시절에 누가 눈물 뿌려 흘렸던가

성쇠를 불문하고 찾아오는 봄인 것을

中央公園 顯忠塔境內 櫻花探訪

連袂櫻花探 연몌앵화탐
升階置錦茵 승계치금인
蜜蜂奔自放 밀봉분자방
伴鳥逐相親 반조축상친
有恨飛紅雨 유한비홍우
無心散玉鱗 무심산옥린
亂時誰濺淚 난시수천루
不問盛衰春 불문성쇠춘

2020년 4월 16일

해설

지난 주중 연삼일 점심시간을 이용해 중앙공원 현충탑 경내로 도시락을 싸서 벚꽃을 보러 집사람과 갔는데 나는 코로나의 병란을 피하고 집사람은 아파트 위층 전체 수리에 따른 소음란을 피해 갔는데 그 심정이 두보가 안록산의 난으로 가족과 헤어져 봄을 맞이하면서 지은 춘망이란 시에까지 미쳐 그 시 3구를 전고典故로 7구를 구성해 보았는데 아래에 두보의 시도 같이 소개한다.

봄날을 바라보며

나라는 깨어져도 산하는 그대로 있어
성에 봄이 오니 초목이 우거졌네
시절이 어수선해 꽃을 보고도 눈물 뿌리고
이별이 한스러워 새소리 듣고도 가슴 철렁인다
봉화가 석 달이나 연이어지니
가족의 편지야 만금의 값어치라
흰머리는 긁을수록 더욱 적어져
이젠 정말 비녀도 꼽지 못하겠네

春望 杜甫

國破山河在 국파산하재
城春草木深 성춘초목심
感時花濺淚 감시화천루
恨別鳥驚心 한별조경심
烽火連三月 봉화연삼월
家書抵萬金 가서저만금
白頭搔更短 백두소갱단
渾欲不勝簪 혼욕불승잠

연蓮 못의 백로

푸른 연잎에 백로 내리니 구슬이 튀는데
어디서 꽃다운 향기 나나 이리저리 찾아보네
흘겨볼까 두려워 얼굴 가렸지만 때가 되면 스스로 드러내리
전해 오는 풍류의 그런 모임 열어 호탕하게 되는대로 읊조려 보세

蓮池白鷺

跳珠靑蓋下仙禽 도주청개하선금
何處芳香左右尋 하처방향좌우심
恐晲遮顔時自露 공예차안시자로
流風設契放豪吟 유풍설계방호음

2020년 6월 20일

해설
용인 처인구 원삼면 내동마을에 있는 연꽃단지를 보고 그날 찍은 백로가 연잎 사이 내려오고 그 뒤로 미인이 등을 보이며 멀어져 가는 사진을 카톡방에 올린 후 그 광경을 소재로 벗들과 각자 시를 지어 보자 제의해 지은 시다.
위 시에는 중의적重意的 표현이 두 군데 있는데 2구의 방향은 아직 움도 틔우지 않은 연꽃의 향기와 함께 뒤에서 걸어가는 미인의 존재를 독

자로 하여금 일깨우려는 의도도 있으며 3구는 한여름 꽃을 피울 연꽃의 자태를 미리 떠올리고 또 다른 한편으로는 뒤 배경의 미인이 고개 돌려 아름다운 자태를 보여 줄지 모른다는 남모를 기대와 함께 무엇보다도 코로나로 오래도록 착용한 마스크를 벗고 즐겁게 대면할 날이 조만간 오리라는 낙관적인 희망을 아울러 표현했다.

위 시와 아래에 소개하는 벗들의 시 가운데 청개青蓋, 청원青圓, 취금翠衾은 모두 푸른 연잎을 가리키는데 연에 관한 문장으로는 주돈이의 애련설이, 시詞로는 송대 장염의 소영이 빼어난데 아래에 벗들의 시와 주돈이, 장염의 작품도 함께 소개하는데 장염의 사 11에서 13구와 관련해 한대 조비연趙飛燕은 몸이 가벼워 춤을 잘 추었는데 그녀가 춤출 때 마침 바람이 불어와 선녀처럼 날아갈까 걱정되어 성제成帝가 궁녀에게 그녀의 치마를 붙잡게 했더니 치마에 주름이 졌다는 고사로 여기서 주름진 치마를 유선군留仙裙이라 했다 하고 17구와 관련해 연잎을 금동선인金銅仙人이 받들고 있는 승로반承露盤에 비유하여 연잎에 맑은 이슬이 많은 것을 말하는데 금동선인을 위魏나라 궁전으로 옮길 때 금동선인이 눈물을 흘렸다 한다.

초여름의 연못

외진 곳 오월의 못에 푸른 연잎 가득한데
한가한 해오라기 비껴 날아 고요함 깨뜨리네
은빛나래 너울너울 정말 일품이지만
단지 바라기는 아름다운 낭자의 선정禪定 방해 말기를

初夏蓮池 幽谷

偏塘五月滿靑圓 편당오월만청원
閑鷺橫飛破寂然 한로횡비파적연
銀翅翩翩眞一品 은시편편진일품
只希不妨美姬禪 지희불방미희선

연못을 노래하다

붉은 연꽃은 아리따운 직녀 같아 그윽하고 깊은 곳 있는데
백로는 심지 굳은 견우처럼 만 리를 찾아왔구나
조물주는 까마귀와 까치를 흩어 버린 후 대신 녹색의 이불 깔았고
서늘한 바람 역시 잎 사이 불어 거문고 탈 준비되었구나

蓮池吟 如海

紅蓮娟織處幽深 홍련연직처유심
白鷺堅牛萬里尋 백로견우만리심
天設翠衾烏鵲散 천설취금오작산
凉風穿葉備彈琴 양풍천엽비탄금

여름날의 하루

한여름 연꽃 핀 못에 임하니
저 멀리 백로가 왔다 갔다 바쁘네
그대여 물고기를 탐해 좇지를 말고
청컨대 나그네인 나와 함께 소요자적해 보세

夏日卽事 怡山

盛夏臨蓮澤 성하임연택
奔忙白鷺遼 분망백로요
貪魚君勿逐 탐어군물축
與客請逍遙 여객청소요

애련설 중에서 愛蓮說 周敦頤

나는 홀로 연꽃이 진흙에서 나왔으면서도 물들지 않고 맑은 물결에 씻기면서도 요염하지 않으며 속이 비어 있고 겉이 곧으며 덩굴 뻗지 않고 가지 치지 않으며 향기가 멀수록 더욱 맑고 우뚝이 깨끗하게 서 있어 멀리서 바라볼 수는 있으나 함부로 가지고 놀 수 없음을 사랑한다.

予獨愛蓮之出於淤泥而不染 濁淸漣而不夭 中通外直 不蔓不枝
香遠益淸 亭亭淨植 可遠觀而不可褻翫焉,
여독애련지출어어니이불염 탁청련이불요 중통외직 불만부지
향원익청 정정정식 가원관이불가설완언

소영
연잎을 읊다

둥글고 푸른 연잎은 본디 깨끗한데
먼 물가의 얕은 모래톱 가에 있으니
우뚝 서 있는 모습이 그지없이 맑고 고와라
돌돌 말린 연잎은 미녀가 떨어뜨린 비녀인 듯
가을의 마음을 펼쳐 보이진 않지만
얼마나 많은 여름 더위를 말아 넣고 있을 수 있으랴
원앙은 연잎 밑에서 밀어를 나누는데
빨래하는 아가씨에게 말하지 마라
아가씨의 원망의 노래가 갑자기 꽃바람을 멈추게 하면
구름 같은 푸른 연잎이 시들까 두렵구나
한나라 때 춤추던 조비연을 회상해 보니
선녀가 되어 날아갈까 봐
붙잡는 바람에 공연히 치마를 주름지게 했다더라
그리운 푸른 적삼에

아직도 시든 꽃향기가 배어 있건만
눈처럼 하얗게 센 귀밑털을 탄식하누나
연잎 가운데 맑은 이슬은 금동선인의 눈물 같은데
또 하룻밤 새 서풍이 불어 연잎을 꺾어 놓았구나
맑은 경치를 보는 게 기쁘나니 하얀 깁 같은 달빛을
맑은 달이 호수 반이나 쏟아 부었더라

疏影 張炎
詠荷葉

碧圓自潔 벽원자결
向淺洲遠渚 향천주원저
亭亭淸絶 정정청절
猶有遺簪 유유유잠
不展秋心 불전추심
能捲幾多炎熱 능권기다염열
鴛鴦密語同傾蓋 원앙밀어동경개
且莫與 浣紗人說 차막여 완사인설
恐怨歌 忽斷花風 공원가 홀단화풍
碎卻翠雲千疊 쇄각취운천첩
回首當年漢舞 회수당년한무
怕飛去 파비거
漫皺留仙裙摺 만추유선군접

戀戀靑衫 연연청삼
猶染枯香 유염고향
還歎嬪絲飄雪 환탄빈사표설
盤心淸露 如沿水 반심청로 여연수
又一夜 西風吹折 우일야 서풍취절
喜淨看 匹練飛光 희정간 필련비광
倒寫半湖明月 도사반호명월

유곡에게 드리다

두 정자 잠겨 있어 오랜 바람 어긋났으나
낙동강 천 리에 흰 갈매기 나는구나
혼탁한 물 멋대로 흐름이 어찌 늘상의 일이리오
세상이 깨끗해지면 청담에다 더불어 낚시 즐기리라

贈幽谷

禁鎖雙亭宿願違 금쇄쌍정숙원위
洛江千里白鷗飛 낙강천리백구비
橫流混濁何常事 횡류혼탁하상사
世淨淸談共釣磯 세정청담공조기

2020 년 8 월 8 일 새벽에

해설

금년 여름휴가 때 대구 달성 구지에 있는 딸집에 갔다 주위 낙동강변의 소우정消憂亭과 이로정二老亭 두 정자를 찾았으나 사람이 거처하고 또 자물쇠로 잠겨 있어 외관만 보고 돌아와 지은 시로 소우정은 유곡 내외와 같이 갔고 이로정은 혼자서 보고 강변 자전거 전용도로로 염천 대낮에 10km를 4시간 걸려 도보로 도동서원道東書院까지 갔었는데 유붕자원방래有朋自遠方來라며 유곡이 점심대접을 하고 같이 소우정에 들렀다 우포늪 생태촌 숙소까지 따라와 잠시 우포늪의 저녁경관을 보고 대구로 돌아갔는바 무엇보다도 소우정의 폐쇄로 현판에 걸린 시를 한 수씩 낭송하기로 한 당초의 계획이 수포로 돌아가 그 아쉬움을 달래고 조금이나마 위로하고자 이 시를 지어 주었다.

소우정은 창녕군 부곡면 낙동강변에 있는 벽진碧珍 이씨 문중 정자인데 조선중기 학자인 소우헌消憂軒 이도일이 자신의 호를 본떠 당호로 삼고 만년에 머문 정자로 정자 마루 옆에 한 칸 크기의 작은방인 용슬헌容膝軒이 있는데 용슬헌은 도연명의 「귀거래사」에 나오는 容膝之易安(용슬지이안, 무릎을 드리울 정도의 좁은 방에서도 넉넉히 편안함을 누릴 수 있다는 뜻임)에서 따온 것으로 그날 낭송하기로 한 시는 이도일과 조임도의 시인데 조임도는 낙동강 건너 상류 40 리 떨어진 합강정合江亭에 기거하던 이노일의 지음知音으로 이노일의 시를 차운해 지어 그 시늘을 같이 소개하는데 이도일의 시 7,8 구와 관련해 엄자릉嚴子陵이 동문수학하던 광무제光武帝가 왕이 되자 항주의 속현인 동려桐廬에 있는 여울 일명 엄릉뢰嚴陵瀨로 몸을 숨겨 낚시를 했다 한다.

이도일의 시

늙어 무릎 하나 허락할 곳 찾아
고요한 강가 산기슭 작은 집에 의지했네
명승지는 예로부터 드물다고 하거늘
조물주는 누굴 위해 감추어 두었는가
높은 벼슬 서로 재촉하지 말게나
푸른 죽순은 기분 좋게 점점 자라나네
동뢰수(엄자릉)를 돌이켜 생각하니
다만 후한의 광무제를 안 것이 한스러울 뿐이네

李道一 詩

老去求容膝 노거구용슬
湖山寄小庄 호산기소장
名區從古罕 명구종고한
造物爲誰藏 조물위수장
朱紱休相促 주불휴상촉
綠筠欣漸長 녹균흔점장
回思桐瀨叟 회사동뢰수
只恨識劉皇 지한식유황

조임도의 시

용슬헌 늙은이
고요한 강가에 늘그막에 거처를 마련했네
고기 잡고 땔나무 하는 것으로 일을 삼고
물과 달을 벗으로 삼아 살아가네
밤이 고요하니 거문고 소리 멀리 들리고
가을이 깊으니 취한 흥이 끝이 없네
이제부터 세속 일일랑 다 잊어버리고
베개에 기대어 희황을 꿈꾸시게나

趙任道 詩

容膝軒中老 용슬헌중로
江湖晩卜庄 강호만복장
漁樵爲産業 어초위산업
水月任行藏 수월임행장
夜靜琴聲遠 야정금성원
秋深醉興長 추심취흥장
自今忘世事 자금망세사
敧枕夢羲皇 기침몽희황

여름날의 우포늪 탐방

억겁의 변해 바뀐 세월의 흔적 새로운데
가공함 없이 나고 자라니 태초의 순박함이라
갈매기와 해오라기 점점이 나는 진귀한 그림 자세히 바라보고
마름과 개구리밥 이어진 녹색의 융단 멀리서 둘러본다
물에 잠긴 왕버들은 세상의 이별과 어찌 상관있으리오
고기와 새우도 물가의 쪽배를 두려워 않는구나
장마 그친 늦여름 사연 많은 창녕 땅 우포늪에서
장구한 천지간 짧은 한순간의 이 몸이어라

夏日牛浦濕地探訪

億劫遷踪代謝新 억겁천종대사신
無工生育太初純 무공생육태초순
細看珍本點鷗鷺 세간진본점구로
眺望綠氈連藻蘋 조망녹전연조빈
沈柳豈關離別世 침류기관이별세
魚蝦不懼棹舟濱 어하불구도주빈
停霖晚夏多緣處 정림만하다연처
地久天長石火身 지구천장석화신

2020년 8월 12일 새벽에

해설

지난주 1박 2일로 처 및 처남과 함께 우포늪을 둘러보고 지은 시로 우포늪은 우리나라에서 가장 큰 자연내륙습지로 창녕군 유어면, 이방면, 대합면, 대지면 등 4개의 행정구역에 걸쳐 있으며 1998년 3월 국제 람사르협약에 등록되었고 1999년 8월 환경부에 습지보호지역으로 지정되었으며 2011년 1월 천연보호구역으로 지정되어 보호되고 있는데 약 1억 4천만 년 전에 생성되었다는 설이 있다.

3,4구는 상체렴相替簾이고 5구와 관련해 중국에서는 이별할 때 버드나무 가지를 꺾어 주는 풍속이 있으며 7구와 관련해 창녕은 고모할머니가 사신 곳으로 젊었을 때 자주 왔었고 또 결혼 전 처에게 시를 지어 준 부곡온천이 있는 곳이기도 하며 8구의 석화는 보통 전광석화電光石火로 붙여 사용되는데 번갯불이나 부싯돌의 불이 번쩍이는 것처럼 극히 짧은 순간을 의미하는 말로 백거이의 시에도 그런 표현이 나오는데 아래에 같이 소개한다.

술을 마주하며

달팽이 뿔 위에서 무엇을 다투는가
부싯돌 불꽃 속에 이 몸 맡긴 것이라
부유하든 가난하든 이 또한 환락이니
입 벌려 웃지 않는 그게 바로 바보일세

對酒 白居易

蝸牛角上爭何事 와우각상쟁하사
石火光中寄此身 석화광중기차신
隨富隨貧且歡樂 수부수빈차환락
不開口笑是痴人 불개구소시치인

보니에게 부치다

가을이 다가오도록 발 묶이니 환장할 지경인데
금수강산은 하물며 사철마다 단장을 하는구나
도둑맞은 시간 필히 보충해 달라 하나님께 청해 볼까
늘어난 나이만큼 감당할 수 있도록 기력을 강건케 하시게

寄階友

禁足迎秋及換腸 금족영추급환장
山河況且四時粧 산하황차사시장
竊期必補天君請 절기필보천군청
延壽堪當氣力强 연수감당기력강

2020년 8월 13일

해설

보니와는 예전에 지리산 천왕봉, 설악산 대청봉, 제주 한라산, 청송 주산지 등 해마다 등산과 여행을 갔었는데 금년에는 연초부터 시작된 코로나로 얼굴조차 대할 수 없어 아무쪼록 서로 건강케 지내자는 고시 19수 행행중행행의 시취를 살리면서 이로 서로 위안을 삼고자 위 시를 지어 보냈는데 아래에 그 시도 소개한다.

가고 또 가고

가고 또 가고
그대와 생이별하였네
서로 만 리나 떨어져
각자 하늘 끝에 있구나
길은 멀고 또 험하니
만날지 어찌 알 수 있으랴
호마胡馬는 북풍을 의지하고
월조越鳥는 남쪽 가지에 둥지 틀었네
서로 날이 갈수록 멀어지고
허리띠도 날이 살수록 느슨해지네
뜬구름은 해를 가리고
가신 님은 돌아오려 하지 않네
그대 생각에 이렇게 늙어 가는데
세월은 흘러 어느새 인생도 저물었다
다시는 말을 말고 기다리면서

힘써 밥 많이 먹는 수밖에는

行行重行行 古詩十九首 中

行行重行行 행행중행행
與君生別離 여군생별리
相去萬餘里 상거만여리
各在天一涯 각재천일애
道路阻且長 도로조차장
會面安可知 회면안가지
胡馬依北風 호마의북풍
越鳥巢南枝 월조소남지
相去日已遠 상거일이원
衣帶日已緩 의대일이완
浮雲蔽白日 부운폐백일
遊子不顧返 유자불고반
思君令人老 사군령인로
歲月忽已晚 세월홀이만
棄捐勿復道 기연물부도
努力加餐飯 노력가찬반

코로나를 만나

코로나를 만나 놀라 정신 차려 보니
예전에 겪지 못했던 난장판이라
사람에게 전염되기를 들불 번지 듯하고
나라마다 봉쇄하기를 장성 가린 듯하네
난국 해결을 위해 외로이 들 정성을 다하니
하나님도 감응해 합력하여 선 이루심 보이리라
아침이 열리려면 오래 점점 더 어두워질 터
스스로 삼가고 각자의 사정 이해함이 정답 아니겠는가?

遇患

遇患覺醒驚 우환각성경
亂場前未踏 난장전미답
傳人野火延 전인야화연
鎖國長城闔 쇄국장성합
解局盡誠孤 해국진성고
感天呈善合 감천정선합
開朝久漸冥 개조구점명
自愼同情答 자신동정답

2020년 9월 6일 새벽에

해설

코로나로 모두들 힘들어하고 또 의료진을 포함해 각자의 처소에서 사태를 수습, 해결하기 위해 노력하는 여러 사람들을 위로하고 그 노고를 치하하기 위해 한 수 지어보았다.

2017년 푸른사상사에서 『강물은 흐르고』라는 한시집을 출간할 당시 서울대학교 중어중문학과를 졸업하고 동 대학원 박사과정을 수학 중인 이재혁시인의 위 시집 가운데 있는 천외천天外天이란 시를 차운해 지었는데 작가의 동의를 얻지 못해 저작권 보호를 이유로 원시를 소개할 수 없어 위 시를 선운시選韻詩로 구분했다.

가을밤 어슬렁 걷다

산수 구경 대신 소요하며 완상하는데
침노한 코로나 견뎌 내려 주위에서 찾아 구하네
담을 낀 구불구불한 샛길은 은미隱微하고
귀뚜라미 울음 그쳤다 이어지니 깊어 가는 가을이라
단풍 점점 물드니 추운 새 웅크리고
밝은 달 깨끗함 더하니 시인은 노래 부르네
심히 안타까운 건 이웃을 만나면 놀라 멀리 피하는 것
언제나 왕유의 마음으로 담소 나누게 될까

秋夜緩步

逍遙玩賞替登臨 소요완상체등림

求索周圍耐患侵 구색주위내환침
挾堵逶迤三逕隱 협도위이삼경은
鳴蛩斷續九秋深 명공단속구추심
丹楓漸染寒禽竦 단풍점염한금송
皓月添澄賦老吟 호월첨징부로음
痛惜値嶙驚避遠 통석치린경피원
何時談笑右丞心 하시담소우승심

2020년 9월 22일 추분에

해설

계속된 코로나로 봄, 여름엔 벚꽃과 연꽃을 한동안 보러 다녔고 요즘은 아파트 뒷담을 끼고 나 있는 샛길을 새로 발견해 일 마치고 저녁 식사 후 며칠간 길이 끝나는 곳까지 산책을 다닌 적이 있었는데 3구의 삼경은 도연명의 「귀거래사」에 나오는 전원에 난 좁은 길로 원래는 동한 연주자사兗州刺史인 장후蔣詡가 벼슬을 그만두고 은거하면서 대나무 숲 가운데 세 갈래 좁은 길을 만들어 은자들과 내왕하였다 하고 7,8구는 사망 시 벼슬이 상서우승尙書右丞이라 왕우승으로도 불렸던 왕유의 시 종남별업의 마지막 부분을 전고로 사용했는데 그 시도 아래에 같이 소개한다.

종남산 별장

중년에 자못 도를 좋아해
만년엔 아예 종남산 기슭에 집을 지었네
흥취가 일면 매양 홀로 거닐며
좋은 일 있으면 그저 나만 알 뿐이라
거닐다 물 다한 곳 이르게 되면
앉아서 구름 이는 때 바라보고
우연히 숲 속 늙은이 만나기라도 하면
담소하느라 돌아가기를 잊는다

終南別業 王維

中歲頗好道 중세파호도
晚家南山陲 만가남산수
興來每獨往 흥래매독왕
勝事空自知 승사공자지
行到水窮處 행도수궁처
坐看雲起時 좌간운기시
偶然值林叟 우연치임수
談笑無還期 담소무환기

스스로 지어 천 번째로 게재하다

천 번째 게재함 방문한 독자분과 서책의 공인데
회를 더할수록 시의 바다에서 진주 가려내기 궁해지네
블로그 시를 옮겨 적는 한 벗 있으니 그 댓글 맛깔스러운데
생각이 극에 달하면 천상의 시인들 꿈속에 나타나겠지

自作千載

千載來賓竹帛功 천재래빈죽백공
回增詩海選珠窮 회증시해선주궁
記移一友追辭味 기이일우추사미
念極文星示夢中 염극문성시몽중

2020년 9월 24일

해설

처가 구청에서 배운 컴퓨터 활용법을 구사해 블로그를 만들어 주겠다고 해 2017년 5월 말 용인백일장 시 게재를 시작으로 이어 온 것이 어느덧 천 회가 되어 천회기념千回記念을 머리 자로 놓고 한 수 지어보았다.

처음에는 소장 중이던 책 속의 한시를 올리다가 그도 한계가 있어 인터넷을 검색해 한시 관련 서적을 구입하고 또 틈틈이 자작시로 한두 수 보탰으나 늘 다음 날의 게재로 고민하던 중 심덕잠沈德潛의 고시원古詩源과 당시별재집唐詩別裁集을 우연히 알게 돼 구입한 이후로는 비교적 여유롭게 올릴 수 있었는데(당대의 시 천육칠백여 수와 당대 이전의 시

칠팔백여 수 정도가 수록되었음) 그래도 시라는 것이 다 마음에 들지는 않고 또 나름의 선별기준이 있어 고르는 어려움이 여전히 없지는 않다. 애초 의도가 한시를 누구라도 쉽게 가까이할 수 있도록 시작해 보았는데 독자층이 5, 60대가 주류를 이루고 있지만 그 외 20대 여자들도 의외로 많아 어느 정도 한시의 대중화의 취지를 달성하지 않았나 생각도 해 보는데 올린 시에 대해 보니는 매일 댓글을 달아 블로그의 풍격을 한 단계 높여 주었다.(3구 관련)

끝으로 위 시 1구의 죽백은 옛날 시나 글을 대나무 죽간이나 비단 등에 적어 서적을 표현한 말이고 3구와 관련해 올린 한시를 보니가 다시 옮겨 쓰면서 익힌다고 하고 4구의 문성은 최각의 시에 죽은 이상은이 하늘의 별로 빛날 것이란 표현에 따라 천상에 있는 모든 시인들을 지칭하는 의미로 사용하였는데 아래에 그 시도 같이 소개하며 4구와 관련해 봉황은 대나무 열매만 먹으며 오동나무 가지에만 앉는다 하고 6구는 너무나도 유명한 백아절현伯牙絶絃의 고사를 전고로 사용했다.

이상은을 곡해 애도함

구름을 능가하는 만 길 되는 재주도 헛되이
일생토록 가슴 속 품었으나 끝내 펼치지 못하였네
새 울고 꽃 지는데 인걸은 어디 갔나
대 죽고 오동 말라도 봉황은 오질 않네
천하 명마는 주인을 못 만나 발이 구부러졌고
옛 친구 떠나보내는 마음 거문고 줄 끊는 슬픔 되었네
구천에는 햇빛, 달빛, 별빛 모두 없다 탄식하지 말게나

문장을 주관하는 별(문성)같이 재주 빼어난 그대가 또한
황천에 들어가지 않았는가

哭李商隱 崔珏

虛負凌雲萬丈才 허부능운만장재
一生襟抱未曾改 일생금포미증개
鳥啼花落人何在 조제화락인하재
竹死桐枯鳳不來 죽사동고봉불래
良馬足因無主踠 양마족인무주원
舊交心爲絶弦哀 구교심위절현애
九泉莫嘆三光隔 구천막탄삼광격
又送文星入夜臺 우송문성입야대

호를 지어 주며

대낮 하늘의 조화는 노을 펼쳐짐으로 막 내리고
시문의 고아한 멋은 댓글로 더하여지네
몇 마디로 사람을 놀라게 하고 때로 웃음 띠게도 하는데
헐뜯고 비방하는 티끌 세상에 남몰래 퍼져 가는 차 향기
같아라

作號詩

晝天造化幕舒霞 주천조화막서하
追記詩文雅趣加 추기시문아취가
寸鐵驚人時帶笑 촌철경인시대소
俗塵誹毀暗香茶 속진비훼암향다

2020년 10월 11일(일) 아침에

해설

블로그 글에 매번 댓글을 달아 주는 보니의 호를 지어주려는 작호시로 저녁노을과 댓글 그리고 차의 향기는 모두 은은한 뒷맛과 여운을 남기는 공통점이 있어 1구의 서하舒霞로 호를 지었는데 3구의 촌철은 촌철살인寸鐵殺人이라는 고사성어에 나오는 말로 원래는 크기가 작은 무기라는 뜻이지만 여기서는 몇 마디 되지 않는 짧은 댓글의 의미로 사용했다.

보니가 단 댓글의 백미는 소식의 길상사상모란이란 시를 게재하며 그 해설로 이후로 꽃이 싫어할지 몰라 꽃구경을 자제해야겠다는 언급에 보니 왈 "꽃보다 할배"란 말이 뒷날 나올 줄 동파가 알았다면 엄청난 시가 나왔을 것이란 댓글이다. 끝으로 명나라 말기 여행가로 서하객徐霞客이란 사람이 있었는데 그는 젊었을 때 과거를 포기하고 오랫동안 전국의 명산대천을 두루 다니며 여행기를 남겼는데 보니에게는 그 이름과 구별키 위해 서하공舒霞公으로 불러야겠는데 아래에 소식의 시도 같이 소개한다.

길상사에서 모란을 감상하다

늙은이는 머리에 꽃을 꽂아도 부끄러워하지 않지만
꽃은 노인 머리에 있음이 응당 부끄러울 것이다
술 취해 길에서 부축 받으며 집으로 돌아오면 사람들 응당 웃으리라
십 리 길가에 내 모습 보려고 주렴이 반쯤 올라갔을 것이다

吉祥寺賞牡丹 蘇軾

人老簪花不自羞 인로잠화불자수
花應羞上老人頭 화응수상노인두
醉歸扶路人應笑 취기부로인응소
十里珠簾半上鉤 십리주렴반상구

여산의 진면목을 노래하다

서하객의 자취를 쫓아 서하공과 함께
마주해 웃으며 호계를 건너니 비경으로 통하네
더위잡고 오른 석문은 깊은 골짝 시내 이끌어 가고
두루 굽어보는 파양호는 맑은 하늘 담고 있어라
그윽이 외진 동굴 어디가 신선의 세계인가

떠서 흐르는 복사꽃에도 절은 보이지 않네
시문으로 진면목을 상상해 보는데
햇살 비추니 폭포에 두른 쌍무지개 맞이해 주네

廬山眞面目歌

追蹤霞客伴霞公　추종하객반하공
對笑逾溪秘境通　대소유계비경통
攀陟石門牽絶澗　반척석문견절간
瞰周鄱水載澄空　감주파수재징공
偏幽洞穴何仙界　편유동혈하선계
流泛桃花隱梵宮　유범도화은범궁
推想詩文眞面目　추상시문진면목
雙迎日照掛川虹　쌍영일조괘천홍

2020년 11월 14일(토)

해설

계속된 코로나로 비록 만나지도 못하지만 매년 이어 온 등반을 포기할 수 없어 시문을 통해 비대면 등반을 하기로 서하공과 약조한 뒤 비대면이면 굳이 국내로 국한할 필요가 없어 이백, 백거이, 소식 등 여러 시인들의 시와 서하객의 여산유기廬山遊記를 참고해 중국의 여산을 상상으로 그려본 후 지은 시다.

서하객은 명나라 말의 문인이자 여행가로 1618년 8월 18일부터 23일까지 족형 두 사람과 함께 배로 구강九江에 도착해 뭍으로 올라 서림사西林寺, 동림사東林寺, 석문石門 순으로 여산 전체를 유람했고 석문은 그 기이한 형세에 코스를 달리해 두 번이나 올랐다.

제목과 7구의 진면목은 소식이 1084년 5년간의 황주黃州 유배를 끝낸 후 여주汝州 단련부사 본주안치本州安置를 명받고 여주로 이동 중 여산에 들러 열흘간 산 전체를 둘러보고 서림사 벽에 적은 제서림벽 속의 시어이고 2구는 석영일의 승원에 나오는 호계虎溪(호계와 관련해 동진 때 동림사의 고승인 혜원慧遠은 절 앞 시내인 호계를 넘은 적이 없었는데 하루는 찾아온 도연명과 육수정을 배웅하며 이야기하다 자기도 모르게 시내를 넘자 키우고 있던 호랑이가 크게 포효해 셋이 같이 웃었다는 이야기가 전해 온다)를, 3구는 여산제도인의 유석문시를, 5구는 오균의 유여산오로봉을, 6구는 백거이의 대림사도화를, 8구는 이백의 망여산폭포를 각 참고하거나 그 시에서 모티브를 얻었는데 아래에 같이 소개한다.

서림사 벽에 적다

옆에서 보면 재가 되고 곁에서 보면 봉우리 되니
멀고 가까움 높고 낮음이 보는 위치에 따라 일정치 않네
여산의 참모습 알지 못하는 것은
다만 이 몸이 이 산속에 있기 때문일세

題西林壁 蘇軾

橫看成嶺側成峯 횡간성령측성봉
遠近高低各不同 원근고저각부동
不識廬山眞面目 불식여산진면목
只緣身在此山中 지연신재차산중

절

한가로운 달빛 아래 호계를 넘어가니
눈 덮인 소나무 가지엔 넝쿨들 얽혀 있네
끝없는 푸른 산을 다 다녀 보려 하는데
흰 구름 깊은 곳에 노승도 많아라

僧院 釋靈一

虎溪閑月引相過 호계한월인상과
帶雪松枝掛薜蘿 대설송지괘벽라
無限靑山行欲盡 무한청산행욕진
白雲深處老僧多 백운심처노승다

석문을 유람하다

초월한 흥취는 그 근본이 있는 게 아니니
이치가 느껴지면 흥취는 저절로 생겨나네
갑자기 석문 유람한다는 말 듣게 되니
기이한 제안이 그윽한 감정 피게 하네
치마를 걷어올리니 구름수레 생각나고
절벽을 바라보니 증성산 상상하게 하네
걸음을 내달려서 긴 바위에 올라타나니
나도 모르게 내 몸에 가벼움이 있었네
고개 들고 구름 덮인 망루 오르니
아득하여 태청에 오르는 것 같네
고요히 앉아 빈 수레바퀴 움직여
저 현묘玄妙 중도中道의 경전 굴려 보리라
신선이 된들 외물外物과 함께 변화하는 것
두 가지 다 없애버리는 것만 못하리라

遊石門詩 廬山諸道人

超興非有本 초흥비유본
理感興自生 이감흥자생
忽聞石門遊 홀문석문유
奇唱發幽情 기창발유정
褰裳思雲駕 건상사운가
望崖想曾城 망애상증성

馳步乘長巖 치보승장암
不覺質有輕 불각질유경
矯首登雲闕 교수등운궐
眇若凌太淸 묘약능태청
端居運虛輪 단거운허륜
轉彼玄中經 전피현중경
神仙同物化 신선동물화
未若兩俱冥 미약양구명

여산 오로봉에서 놀다

팽려호는 비췻빛으로 가라앉고
푸른 물결에 연꽃이 반사된다
해가 막 떠오르면 금빛으로 충만한데
해가 떨어지면 흑청색으로 짙어진다
구름 밖에서 원숭이와 새 울음소리 들려오고
안개 속에 전나무와 소나무가 보이는구나
자연의 도리가 깊고 고아한 마음에 부합하니
자유롭고 산뜻하여 무엇을 하든 마음이 편안해라
수레를 몰아 명승지를 찾아 나서고
즐거이 노닐며 마음껏 한가로이 다니네
옥고가 마침 똑똑 소리 내어 떨어지고

요초가 더부룩이 우거져 있네
신선이 벼랑에 깃들어 사는데
의기가 맞으니 서로 만나게 되었어라
손을 흔들어 가벼이 날아오르려 하는데
나를 위해 옥으로 만든 종을 두드린다
하늘의 향기가 사람의 마음을 맑게 씻고
천지의 굳센 기운은 진실로 뜻이 있어라
오래도록 사물의 구속에서 벗어나
나는 장차 난새와 용이 끄는 수레를 타고 다니리라

遊廬山五老峰 吳筠

彭蠡隱深翠　팽려은심취
滄波照芙蓉　창파조부용
日初金光滿　일초금광만
景落黛色濃　경락대색농
雲外聽猿鳥　운외청원조
煙中見杉松　연중견삼송
自然符幽情　자연부유정
瀟灑愜所從　소쇄협소종
整策務探討　정책무탐토
嬉遊任從容　희유임종용
玉膏正滴瀝　옥고정적력

瑤草多芊茸 요초다천용
羽人棲層崖 우인서층애
道合乃一逢 도합내일봉
揮手欲輕擧 휘수욕경거
爲爾扣瓊鐘 위이구경종
空香淸人心 공향청인심
正氣信有宗 정기신유종
永用謝物累 영용사물루
吾將乘鸞龍 오장승난룡

대림사의 복사꽃

속세에는 사월이라 꽃이란 꽃 다 졌는데
산사의 복사꽃은 이제 한창 만발하였네
봄이 간 곳 몰라 한탄하고 있었더니
어느새 이곳으로 들어와 있었네

大林寺桃花 白居易

人間四月芳菲盡 인간사월방비진
山寺桃花始盛開 산사도화시성개
長恨春歸無覓處 장한춘귀무멱처

不知轉入此中來 부지전입차중래

여산폭포를 보며

햇빛이 향로봉 비추니 푸른 연기 일어나고
멀리서 폭포를 보니 앞에 내가 걸린 듯
날아 바로 아래로 삼 천 길을 떨어지니
마치 은하수가 하늘에서 떨어지는 것 같아라

望廬山瀑布 李白

日照香爐生紫煙 일조향로생자연
遙看瀑布挂前川 요간폭포괘전천
飛流直下三千尺 비류직하삼천척
疑是銀河落九天 의시은하낙구천

이월의 설경

이월 그윽한 거처에 옥가루가 침범하니
눈에 보이는 온 산하가 은빛 이불 덮었네
어찌 미물이라 풍류의 흥취 없으랴

잎새 다 떨어진 높은 가지 끝 다투어 지저귀며 노래하네

二月雪景

二月幽棲玉屑侵 이월유서옥설침
山河極目庇銀衾 산하극목비은금
豈無細物風流趣 기무세물풍류취
盡脫危梢競哢吟 진탈위초경롱음

            2020년 11월 21일

해설
2016년 2월 하순 늦은 눈이 내린 아파트 주위의 설경을 찍은 사진을 뒷날 보고 지은 시다.

말라죽은 나무

꺾어져 말라죽은 옥 같은 줄기와 가지
남은 몸조차 타고 오르도록 덩굴에 내주었구나
지금 서로 쫓고 부르며 날아오는 새들은
응당 이 나무의 무성했던 옛날을 기억 못하고 있겠지

枯木

摧折衰枯玉幹枝 최절쇠고옥간지
遺餘攀挂薜蘿貽 유여반괘벽라이
只今相逐呼來鳥 지금상축호래조
應不繁華記昔時 응불번화기석시

2020년 11월 22일

해설
4년 전 이월 눈 오는 어느 날 찍은 눈에 덮인 고목古木 가지 끝에 앉아 있는 여러 마리의 새들 사진을 보고 어제 이월설경이란 시를 지었는데 그 사진과 대비되게 금년 여름에 찍은 사진 속에는 그때의 나무가 말라 죽어(고목枯木) 그 줄기와 가지로 넝쿨이 타고 올라가고 있어 불과 4년 사이 변해 버린 그 광경을 보고 지은 시인데 같은 제목의 주희의 시가 있어 앞의 두 구절만 소개한다.

백 년 묵은 구불구불한 나무 늙어서 들쭉날쭉한데
교만하게 봄바람에 꽃 피우려하지 않네

枯木 朱熹

百年蟠木老聱牙 백년반목노오아
偃蹇春風不肯花 언건춘풍불긍화

용인정을 노래하다

유명한 정자는 오래됨에 있지 않고
오히려 붙여진 아름다운 시에 의거하지
두보의 심정 느껴 보러 악양루에 오르고
황학은 사라져도 최호는 기림을 받네
그윽함이 넉넉한 향기로운 숲길
가히 완상할 만한 모래 깔린 푸른 시내
어느 날 귀인이 이르러
찬란한 무지개, 기둥에 걸어 둘까

題龍仁亭

名亭非歷歲　명정비력세
猶據附佳題　유거부가제
感杜岳樓陟　감두악루척
譽崔黃鶴迷　예최황학미
餘幽芳樹路　여유방수로
可賞翠沙溪　가상취사계
何日貴人至　하일귀인지
輝煌挂柱霓　휘황괘주예

2020년 11월 28일(토)

해설

건축된 지 오래지 않아 보이는 중앙공원 경내 용인정에 현액懸額만 걸려 있고 휑하니 내부에 아무런 시문도 없어 이를 애석히 여겨 지어본 시다. 3,4구와 관련해 당대 두보는 57세 때인 768년 배를 타고 장강을 표박漂泊하던 중 등악양루란 시를, 최호는 황학루란 시를 남겼는바 모두가 절창絕唱이며 6구는 몇 해 전 정비공사로 물길을 따라 고운 모래가 쌓이는 금학천金鶴川을 정자에서 바라본 풍경인데 아래에 그 시들을 같이 소개한다.

악양루에 올라

옛부터 동정호의 이름 들었는데
이제야 악양루에 올랐네
오나라 초나라는 동남쪽에 펼쳐 있고
하늘과 땅이 밤낮으로 떠 있네
친한 벗은 소식 한 자 없고
늙어 병든 몸 외로운 배로 떠도네
전란이 고향 쪽에서 그치지 않으니
난간에 기대어 눈물만 흘리네

登岳陽樓 杜甫

昔聞洞庭水 석문동정수

今上岳陽樓 금상악양루
吳楚東南坼 오초동남탁
乾坤日夜浮 건곤일야부
親朋無一字 친붕무일자
老病有孤舟 노병유고주
戎馬關山北 융마관산북
憑軒涕泗流 빙헌체사류

황학루

옛사람 이미 황학 타고 가 버려
이 땅에 공연히 황학루만 남았네
황학은 한번 가 버리자 다시 돌아오지 않고
흰 구름만 천 년 두고 부질없이 흐르네
맑은 물 저편엔 한양의 나무들 뚜렷하고
봄풀은 무성히 앵무주에 자라네
해는 저무는데 고향은 어디쯤일까
안개 낀 강가는 나그네를 시름겹게 하네

黃鶴樓 崔顥

昔人已乘黃鶴去 석인이승황학거

此地空餘黃鶴樓 차지공여황학루
黃鶴一去不復返 황학일거불부빈
白雲千載空悠悠 백운천재공유유
晴川歷歷漢陽樹 청천역력한양수
春草萋萋鸚鵡洲 춘초처처앵무주
日暮鄕關何處是 일모향관하처시
烟波江上使人愁 연파강상사인수

상상의 나래를 펴고

볼 수 없으니 미루어 상상을 하게 되고
울타리에 갇혔다 싶으니 날개가 생기는 듯
산을 찾기를 땅을 말아 내딛고
바다 건너길 구름을 타고 나가네
식識이 모자라면 다른 것이 예민해지고
길이 궁하면 힘들이지 않고 뜻을 쫓아가네
(그러나) 이 세상 밖 요지의 선경도
어찌 얼굴 마주하는 정과 같으리

推想

制覽因推想 제람인추상

圍籬乃羽生 위리내우생
尋山縮地踏 심산축지답
渡海乘雲征 도해승운정
識欠餘他銳 식흠여타예
途窮趁意輕 도궁진의경
瑤池方外景 요지방외경
豈似對顔情 기사대안정

2020년 12월 9일 밤에

해설
코로나로 실제로 갈 수 없으니 마음껏 상상의 날개를 펴(3,4구 참고) 장래 가 볼 예정인 곳도 미리 당겨 가보고 도저히 가기 어려운 곳도 차제에 마음을 내 나다녀 보리라는 요즈음의 심정을 나타낸 시로 그러나 이도 야생화 피어 있는 시내 길을 벗과 담소하며 구경하는 것만 못할진대(7,8구 참고) 5구는 오감五感과 육식六識처럼 하나의 감각이 제한되면 다른 감각이 더 예민히 작동한다는 의미이다.

유곡의 매화 사진에 수답하다

가지 가득 남도의 눈
고향의 정 멀리 보냈어라
얼음 같은 자질 굳게 간직했다가

기차 소리에 꽃망울 터뜨렸나
그림자는 혼을 불러 꿈속으로 이끌고
향기는 물결을 쫓아 영주산으로 흐르는데
잠시 고운 선생의 학을 빌려
흥을 내 날아갔다 올까

酬答幽谷梅花寫眞

滿枝南道雪 만지남도설
遠寄故園情 원기고원정
堅守氷姿質 견수빙자질
綻開鐵馬聲 탄개철마성
影招魂引夢 영초혼인몽
香逐水流瀛 향축수류영
暫假孤雲鶴 잠가고운학
飛來乘興征 비래승흥정

2021년 3월 16일 새벽에

해설
유곡이 양산 원동 매화마을에 가 찍은 사진을 보내 주어 뒤늦게 이에 수답하는 시 한 수를 지었는데 그곳은 낙동강과 경부선 철길이 이어진 강변에 매화가 피어 있고 또 주위에 고운孤雲 최치원 선생이 이름을 짓고 놀았다는 임경대臨鏡臺란 정자가 있어 봄이면 상춘객들이 많이 찾아오는 명소다.

6구의 영영瀛은 동해에 있다는 삼신산三神山 중 영주산瀛洲山을 의미하고 7,8구는 왕휘지王徽之가 눈 오는 날 흥이 일어 배를 타고 대규戴逵를 찾아갔다 그냥 돌아온 고사를 전고로, 배 대신 학을 빌려 타고 가는 것으로 바꾸어 표현하면서 아울러 1구에서 눈으로 꽃을 비유했으나 그 반대로 눈을 꽃으로 비유한 동방규의 춘설이란 시도 있는데 아래에 같이 소개한다.

봄눈

봄눈이 공중 가득 내리는데
닿는 곳마다 마치 꽃이 핀 듯하구나
정원 안 나무에서는 알 수 없어라
어느 것이 진짜 매화인지를

春雪 東方虯

春雪滿空來 춘설만공래
觸處似花開 촉처사화개
不知園裏樹 부지원리수
若箇是眞梅 약개시진매

장난삼아 한 수 짓다

호를 얻고 괜히 스스로 좋아했네
묘하고 그윽해 보통의 의미는 아닌 듯
앞, 뒤에 배치해 거듭 중重 자요
양심을 줄인 좋을 량良 자라
익히 가계를 꾸려 온 노고 알고 있지만
어찌 헛되이 가을 낚시터의 풍광 허비할 손가
소백과 근 40년 함께 살아와
글솜씨도 일취월장하는구료

戱作一首

得號空自好 득호공자호
妙幽不尋常 묘유불심상
前後配置重 전후배치중
良心縮約良 양심축약량
旣知計室勞 기지계실로
枉費秋水光 왕비추수광
侶白近四十 여백근사십
文才日就將 문재일취장

2021년 9월 12일 아침에

해설

그저께 금요일 밤 수지 사는 형님과 밤낚시를 갔었는데 와보니 집사람이 호를 지어 주었는데 중량거사重良居士로, 해석 왈 씽크대 교체로 할 일도 많은데 거들어 주기는커녕 낚시터까지 차로 태워 주고 데리러 오라 했다며 양심불량良心不良이라 앞뒤 량良 자의 거듭 배치는 한자로 중량重良이라 그래서 중량거사라고, 이에 해명을 담아 고시로 한 수 지었다.
위 시에 보니는 댓글로 앞뒤 량良 자를 빼 버리면 심불心不로 내심 본 마음은 그렇지 않다는 의미라 내자가 굳이 중량거사를 고집한다면 대응 차원에서라도 심불로心不老(본심은 그렇지 않은 늙은이)란 호를 새로이 지을 수밖에.

가을날 봉화 고택으로 나들이하다

김생의 그윽한 자취 청량산에 감춰져 있고
물 맑고 구름 깊으니 늘그막을 기탁할만한 고을이네
첫 참가해 한시백일장 낙방했던 고택으로 돌아와
각지에서 모인 세 친구와 붓을 희롱하는 가을밤은 길어라

秋日奉化古宅行

金生幽跡隱淸凉 김생유적은청량
水淨雲深寄老鄕 수정운심기로향

初場科落還來宅 초장과락환래택
鼎友弄翰秋夜長 정우농한추야장

2021년 10월 5일

해설

유곡, 여해와 지난 토요일 1박 2일로 봉화 토향고택을 다녀왔는데 지난해 봄에 한차례 예약을 했다 코로나로 연기를 하고 백신도 맞았겠다 이번에는 강행해 다녀왔다.

1구와 관련해 김생은 신라시대의 명필로 봉화 청량산의 굴에서 서예를 익혔는데 현재까지 그 유적으로 김생굴이 남아 있고 3구와 관련해 봉화는 본인이 처음 한시백일장에 참가해 추일등봉서루秋日登鳳棲樓란 시를 지어 낙방한 곳으로 그때도 이 고택에서 숙박했으며 4구의 정우鼎友와 관련해 하夏 우왕禹王이 각지의 제후들과 도산塗山에서 회맹을 하면서 각지에서 가져온 청동으로 아홉 개의 세 발 달린 솥을 주조해 그 솥이 하 왕조 통일을 상징하는 신성한 기물이 되었고 이로써 중국을 구주九州라 부르게 되었는데 그 솥을 지탱하는 세 개의 발이 세 친구를 뜻하고 또 각지에서 모였을 때 가져온 청동으로 솥을 만들었듯이 모두의 재주를 모아 멋진 작품(한시나 서예)을 만든다는 것이 위 회맹과 비교되어져 각지에서 모인 세 친구란 의미로 정우라는 시어를 사용했다.

위의 시는 본인이 미리 지어 준비해 갔고 고택 주인이 서예와 도자기에 조예가 깊은 관계로 글은 당일 고택의 서예실에서 여해가 적었으며 유곡은 일정 내내 차량운행으로 뒷받침을 해 줘 3인의 노력들이 모여 솥이 아니라 한 폭의 서예작품이 탄생하였다.

상서로운 눈

새해 첫날의 상서로운 눈
방울 물 모여 내를 이루었네
동쪽 바다를 멀다 않고
맑게 흘러 만 리를 가리라

瑞雪

元旦瑞雪 원단서설
成川滴水 성천적수
不遠東瀛 불원동영
澄流萬里 징류만리

2022년 2월 1일(음력 정월 초하루)

해설
벗 여해가 설날 인사글로 인향만리人香萬里를 손수 적어 보내 그에 화답해 마침 전날 밤 내려 쌓인 눈을 보고 한 수 지었는데 인향만리는 삭막한 요즘 세상에 사람 사는 향기가 나는 세상을 만들어 보고 또 그런 사람이 되라는 축원이 담긴 글일진대 그에 화답해 징류만리澄流萬里라 각자 스스로도 맑고 선한 영향력을 끼치는 한 해를 보내자는 다짐을 담았다. (상성上聲 지통운紙統韻으로 수水와 리里가 운자韻字임)

세월

늙은이의 머리 위에 내린 눈
봄바람이 불어도 사라지지 않네
흘러가는 물 탄식했던 공자님도 가시고
노을을 양식 삼은 신선은 아득하기만 할 뿐

歲月

老人頭上雪 노인두상설
春風吹不消 춘풍취불소
逝水歎翁去 서수탄옹거
餐霞羽客遙 찬하우객요

2022년 6월 26일

해설

어제 포천 산정호수 가에 전시된 시서화전 작품 중 두 구가 너무 멋진 시가 있어(위 1,2구) 이를 그대로 살려 같은 제목으로 지은 시로 작가의 추정적 승낙이 없을 것 같아 차구시借句詩가 아닌 선운시選韻詩로 올린다. 3구는 『논어』 「자한」 편에 나오는 "子在川上曰 逝者如斯夫 不舍晝夜(자재천상왈 서자여사부 불사주야, 공자께서 냇가에서 말씀하시기를 가는 것이 이와 같도다, 밤낮으로 흘러 그치지 아니하도다)"라는 구절을 참고했다.

제8장 其他詩

정식으로 한시를 배우기 전의 시로 일부는 위운違韻이다.

경옥선자에게 부치다

금지옥엽이야 키운 여자애 있었는데
고고지성을 울리며 태어난 여식 벌써 시집보낼 나이가 되었구나
영롱한 눈 가운데 그윽한 정을 머금고
꽃다운 얼굴 달 같은 자태는 가히 양귀비와 다투더라

寄競玉仙子

金枝玉葉有家女 금지옥엽유가녀
璟聲變朗歲爲嫁 경성변랑세위가
玲瓏眼中含幽情 영롱안중함유정
花顔月態競玉眞 화안월태경옥진

해설

결혼 전 집사람과 온천으로 유명한 부곡으로 가 포장마차에서 한잔 들이키며 이름 자 세 자를 머리 자로 삼아 지어 준 시로 이후 이름 자로 지어 준 시들이 무수한데 제목 경옥선자의 경옥競玉은 물론 양귀비와 다툰다는 의미다.

무제 1

한반도 복 받은 성스러운 터에
은혜 다함없이 세세토록 이어지누나
나무마다 탐스럽게 열매 맺은 포도원
천만 가지와 잎새까지 모두 구주의 은총일세라

無題 1

韓郡福祿聖地處 한군복록성지처
恩惠無窮歲歲永 은혜무궁세세영
實果結作葡萄園 실과결작포도원
千枝萬葉救主寵 천지만엽구주총

해설

과거 대구 팔공보성아파트에 살 때 옆 동 옥수수박사로 유명하신 김순권박사님 댁에서 매주 성경공부를 하는데 두 주(主와 酒)를 모두 가까이 하려는 못된 버릇을 버리질 못해 한번은 성소를 훼방한 적이 있었는데 그 속죄의 뜻에서 사모님 이름자 석 자를 첫 머리 자로 삼아 이 시를 지어 드렸는데 현재 한은실 사모님은 목사안수를 받고 대구 지묘동 보성아파트 1차 상가건물에서 수정교회를 개척해 목회사역을 하고 계신다.

무제 2

천지의 오묘한 진리 만물 어디에 아니 꿰뚫음 없고
주역의 변해 바꿔짐 때에 따름으로 완성된다
극히 높은 곳 올라감도 한 걸음에서 비롯되고
분수를 지킴엔 한 방도 있으니 소박한 마음으로 돌아가는 것이라

無題2

黃玄妙理萬物貫 황현묘리만물관
周易變態隨時完 주역변태수시완
極處升高始一踏 극처승고시일답
安分有策素心還 안분유책소심환

해설
역시 처남의 사돈 이름 자 세 자를 머리 자로 지어 준 시다.

술을 끊다

사십 년 동안 미친 듯이 술 마셔 평생의 정량 다 채우고
오십 일째 마시기를 그만두고 끊으니 오히려 자적하구나

육십 노친 비로소 얼굴에 웃음을 띠우니
이대로 칠십까지 가다가는 우화등천羽化登天하는 신선이 되겠네

斷酒

四十飮酒過定量 사십음주과정량
五十止絶猶自適 오십지절유자적
六十老顔始帶笑 육십노안시대소
七十續之化羽仙 칠십속지화우선

해설
술을 끊고 지었지만 이후 다시 이어 제2, 제3의 단주가가 생겼으나 지금은 끊었다.(그런즉 누구든지 그리스도 안에 있으면 새로운 피조물이라 이전 것은 지나갔으니 보라 새 것이 되었도다.「고린도후서」 5:17)

유어한정기

위수가 강태공을 본받아 낚시할 새
마침 절기는 거울같이 물 맑은 깊어 가는 가을밤이라
하늘 그림자 드리우니 별들과 달이 물에 빠진 듯하고

산속 고라니 때때로 우니 놀란 오리들 물을 뒤집어 헤쳐 가는구나

游魚閑情記

效釣渭水太公 효조위수태공
適時鏡水晚秋 적시경수만추
倒影浸水星月 도영침수성월
鳴麋飜水驚鳧 명미번수경부

소백산

구름바다 어느 곳으로 신선이 내려오셨나
찾지 못해 홀로 서성이는 처연한 마음이여
단지 푸른 이끼 낀 옛 선비 글 적힌 비석만 보여
긴 세월 속 애환 때문에 오래 괴로이 읊조리노라

小白山

何處雲海下降仙 하처운해하강선
不知孤立悽然心 부지고립처연심
但見蒼苔先人碑 단견창태선인비

隔世哀歡長苦吟 격세애환장고음

해설

이삼십 년 전 혼자 소백산 등반을 할 때 비로봉 정상에 있는 서거정 선생님의 소백산이란 시비를 보고 지은 시로 아래에 그 시도 같이 소개한다.

소백산

소백산은 태백산에서 뻗어 나와
서리서리 백 리나 구름 속에 꽂혀 있구나
분명하게 동남쪽의 경계를 그어 구분 지웠으니
땅을 열고 하늘을 이루어 만들 때 조물주도 인색함을
멀리했다네

小白山 徐居正

小白山連太白山 소백산련태백산
逶迤百里揷雲間 위이백리삽운간
分明畫盡東南界 분명획진동남계
地設天成鬼破慳 지설천성귀파간

여행을 마치며 한 수

무릉계곡 아침 일찍 지나쳤으니 이미 신선된 것과 진배없어
학소대에 움 틀고 있는 백학 잠시 빌려 타고 경포대로
넘어간다
명사십리 길 이어진 망상 바다엔 아름다운 추억 남기고
돌아오는 길 죽서루 유람한 뒤 경월소주와 벗한다

終旅一首

武陵早踏已仙人 무릉조답이선인
宿巢借鶴鏡浦越 숙소차학경포월
鳴沙十里連望祥 명사십리연망상
歸路覽樓友鏡月 귀로남루우경월

해설
위 소백산 단독 등반 후 몇 년 뒤인가 당시 중학교 다니던 딸과 3박 4일로 무릉계곡, 강릉 경포대, 오죽헌, 망상해수욕장, 삼척 죽서루와 천곡동굴 등을 구경하고 동해역 앞 소머리 국밥집에서 기차를 기다리며 경월소주 반병에 마음도 따라 무심지경無心之境이라 연필을 빌려 지은 시다.

결혼기념 축시

3월 3일은 삼진날 상사일이라고 하는데
그 33년은 가정 이루어 함께한 년수와 같구나
꽃향기는 봄바람을 뒤쫓고
꾀꼬리는 남쪽 가지에서 펄럭이는데
봄 시샘하는 추위는 어린 꽃망울 놀라게 하고
먹구름이 맑게 갠 하늘 가릴지라도
생육케 하시는 조물주 여호와 하나님께서
능히 지켜 주시고 늘 우리를 온전케 보호하시리

結婚記念 祝詩

重三上巳日 중삼상사일
偕老同紀年 해로동기년
芳菲東風逐 방비동풍축
黃鸝南條翩 황리남조편
妬寒驚嫩蕊 투한경눈예
黛雲蔽晴天 대운폐청천
生育造化翁 생육조화옹
能守長保全 능수장보전

2015년 3월 21일

제2부 중국漢詩選

제 1 장 唐代以前詩

성 남쪽에서 싸우다

성곽 남쪽에서 싸우다
성곽 북쪽에서 죽어 가네
들에 죽어 묻지 못하니 딱 까마귀 밥
나를 위해 까마귀에게 말해 다오
객사한 이 위해 잠시 곡해 달라고
들에 죽어 진실로 묻히지 못할 터이니
썩어 가는 고기 어찌 널 피해 도망치랴
물소리는 철썩철썩
물풀들은 어둑하네
용감한 기마병 싸우다가 죽고
지친 말만 머뭇대며 울부짖네
다리에는 군사시설 쌓았으니
어떻게 남으로 가며
어떻게 북으로 갈까
곡식 거두지 못해 임금님 무얼 드실까
충신 되고자 하나 어찌 할 수 있으랴
그대 좋은 신하들 그립나니
좋은 신하들 실로 그립구나
아침에 싸우러 갔거늘

저물도록 돌아오지 않네

전성남戰城南

戰城南 전성남
死郭北 사곽북
野死不葬烏可食 야사불장오가식
爲我謂烏 위아위오
且爲客豪 차위객호
野死諒不葬 야사량불장
腐肉安能去子逃 부육안능거자도
水聲激激 수성격격
蒲葦冥冥 포위명명
梟騎戰鬪死 효기전투사
駑馬徘徊鳴 노마배회명
梁築室 양축실
何以南 하이남
何以北 하이북
禾黍不獲君何食 화서불획군하식
願爲忠臣安可得 원위충신안가득
思子良臣 사자량신
良臣誠可思 양신성가사
朝行出攻 조행출공

暮不夜歸 모불야귀

해설

위 시는 송서宋書 악지樂志와 악부시집에 실려 있는 한나라 요가鐃歌 (군가)로 전쟁의 참혹함을 묘사한 걸작이다.

시경 이후 양한시대에 악부시와 고시가 생기는데 악부시는 한 무제 때 설립된 악부에서 그 명칭이 비롯되는데 악부는 각 지역의 민가를 채집하고 전례典禮에 사용할 의식 음악을 제작하는 기관으로 여기서 수집한 악부민가는 백성들이 소박한 언어로 당시의 세태를 반영해 부른 노래들로 자구도 시경의 사언체에서 오언체로 발전하게 된다.

뒤이어 후한시대에는 여러 문인들이 시를 남겨 반고班固의 영사시詠史詩를 시작으로 여러 편의 오언고시가 출현하며 그런 문인들의 오언시를 대표하는 작품이 고시십구수인데 고시십구수는 한 사람의 작품이 아니어서(작가미상이나 그렇게 추정한다, 심덕잠 편저 양회석 외 1인 역주, 『고시원』, 전남대학교출판부 참고) 그 내용이 한결같지는 않지만 그러나 대다수가 서정적인 작품으로 주로 이별을 가슴 아파하는 시가 상당수를 차지해 서사를 위주로 했던 악부시와는 큰 차이를 보인다.(송철규 지음, 『중국고전이야기』, 첫째 권, 소나무와 류종목 외 3인 역해, 『시가 1』, 명문당 참고)

백 년 살기 어렵거늘

사는 날 백 년도 못 되는데
항상 천년의 근심을 품는구나

낮은 짧고 모질게 밤은 기니
어찌 촛불 잡고 놀지 않으리
즐기려면 응당 때에 맞춰야지
오는 해 어찌 기다릴 수 있으랴
어리석은 자는 비용을 아끼지만
후세의 비웃음거리 될 뿐
신선이 되었다는 저 왕자교와는
똑같이 되기 어렵다네

생년불만백生年不滿百

生年不滿百 생년불만백
常懷千歲憂 상회천세우
晝短苦夜長 주단고야장
何不秉燭遊 하불병촉유
爲樂當及時 위락당급시
何能待來玆 하능대래자
愚者愛惜費 우자애석비
但爲後世嗤 단위후세치
仙人王子喬 선인왕자교
難可與等期 난가여등기

해설

양梁나라 소통蕭統의 시문선집인 『문선文選』에 실려 있는 고시 십구 수 중의 한 수로 9구의 왕자교는 중국 주周나라의 선인仙人으로 이름은 진쯥이며 영왕靈王의 태자라고 하는데 학을 타고 생황을 불면서 하늘을 날았다고 한다.

푸른 바다를 보다

동쪽 출정길에 갈석산에 올라
푸른 바다를 바라본다
파도는 어찌 그리 용솟음치는지
산 높은 섬들도 우뚝 솟아 있다
나무들이 빽빽이 자라 있고
온갖 풀과 꽃들 만발하다
갈바람이 싸늘하게 불어오니
파도가 다시 한 번 용솟음친다
해와 달의 운행이
그 안에서 나오는 듯
찬란한 저 은하수도
그 속에서 나오는 듯
다행스럽기 그지없어라
노래로 나의 뜻 읊을 수 있음에

관창해觀滄海 조조曹操

東臨碣石 동림갈석
以觀滄海 이관창해
水何澹澹 수하담담
山島竦峙 산도송치
樹木叢生 수목총생
百草豊茂 백초풍무
秋風蕭瑟 추풍소슬
洪波湧起 홍파용기
日月之出 일월지출
若出其中 약출기중
星漢燦爛 성한찬란
若出其裏 약출기리
幸甚至哉 행심지재
可以詠志 가이영지

해설

작가는 자가 맹덕孟德이며 후한 말 삼국시대 위왕魏王으로 두 아들인 조비曹丕, 조식曹植과 함께 삼조三曹로 불리며 건안시대建安時代를 일으킨 문인이기도 하다.
위는 작가가 207년 동쪽을 정벌하여 요서遼西의 오환족烏桓族을 치고 개선하여 돌아가는 길에 갈석산碣石山을 찾아 지은 시로 위 관창해는 4장으로 된 보출하문행步出夏門行의 제1장의 시인데 위 갈석산은 기원전 215년 진시황이 동쪽으로 순수해 갈석산에 와서 바위에 갈석문碣石門이라 새기고 여기에 진시황이 6국을 평정하고 전국시대 각 나라 사이의 성벽을 헐어낸 사실을 기록했으며 그 후 1954년 모택동이 다시 이곳을 찾아 조조를 생각하며 또 한편의 시 낭도사浪淘沙를 남겼다 한다.(금장태 저, 『산해관에서 중국역사와 사상을 보다』, 효형출판 참고)

일곱 걸음에 지은 시

콩을 쪄 콩을 묽게 만드나니
메주를 걸러 장을 담기 위함이네
콩깍지는 가마솥 아래서 타고
콩은 가마솥 안에서 우네
본래 같은 뿌리에서 태어났건만
지지고 볶는 것이 어찌 이리 너무도 급한가

칠보시七步詩 조식曹植

煮豆持作羹 자두지직갱
漉豉以爲汁 녹시이위즙
萁在釜下然 기재부하연
豆在釜中泣 두재부중읍
本是同根生 본시동근생
相煎何太急 상전하태급

해설

너무나도 유명한 칠보시로 조조의 아들인 조비와 그 동생인 작가의 갈등이 작시배경으로 알려져 있는데 1,2구에서는 장을 빚는 일련의 과정이 잘 묘사되어 있고 3구의 연연은 연燃으로 태우다 라는 뜻인데 실제 작가가 이 시를 지었는지 여부에 대해서는 논란이 많다.

회포를 노래하다

밤 깊은데 잠 못 이뤄
일어나 앉아 금琴을 탄다
엷은 휘장으로 밝은 달빛 비쳐 들고
서늘한 바람 내 옷깃을 스친다
외로운 기러기 들 밖에서 울어 대니
나는 새들은 북쪽 숲에서 화답하네
배회하며 무엇을 보려는가
근심스런 생각에 홀로 마음 아파한다

영회시詠懷詩 완적阮籍

夜中不能寐 야중불능매
起坐彈鳴琴 기좌탄명금
薄帷鑒明月 박유감명월
清風吹我襟 청풍취아금

孤鴻號外野 고홍호외야
翔鳥鳴北林 상조명북림
徘徊將何見 배회장하견
憂思獨傷心 우사독상심

해설
작가는 죽림칠현竹林七賢의 한 사람으로 정치적으로 혼란했던 위魏, 진晉 교체기에 살았던 사람인데 한때 사마씨의 막료를 지냈으며 술을 좋아해 보병막사에 술을 잘 담그는 사람이 있다는 소문을 듣고 군대에 자원해 보병장교가 되어 완보병阮步兵이라 불리기도 하는데 위 시는 작가가 지은 영회시 82수 중의 한 수다.

군에 들어가는 수재에게 드리다

난초 들판에서 병사들을 쉬게 하고
화초 그득한 산에서 말을 먹인다
평원의 소택지에서 주살 돌을 던지고
실게 뻗은 시내에서 낚시를 드리운다
눈으로 돌아가는 기러기를 전송하며
손으로 오현금을 연주한다
굽어보나 우러러 쳐다보나 스스로 터득함이 있고
마음은 천지자연의 대도를 따라 노닌다
훌륭하도다 저 낚시 드리운 노인이여

물고기를 얻고는 통발을 잊었구나
초나라의 영郢 사람이 죽었으니
누구와 더불어 속마음을 이야기 하나

증수재입군贈秀才入軍 혜강嵇康

息徒蘭圃 식도란포
秣馬華山 말마화산
流磻平皐 유파평고
垂綸長川 수륜장천
目送歸鴻 목송귀홍
手揮五絃 수휘오현
俯仰自得 부앙자득
遊心太玄 유심태현
嘉彼釣叟 가피조수
得魚忘筌 득어망전
郢人逝矣 영인서의
誰與盡言 수여진언

해설
작가는 삼국시대 위나라 사람으로 죽림칠현 중 한 사람인데 전통적 유교사상을 통렬하게 비판하고 인간 본래의 진실성을 되찾아야 한다고 주장하면서 당시의 주류인 오언시보다 시경 이래의 사언시를 주로 지었고 시에 철학적 내용을 담았다.

위 시는 사마씨의 군막으로 들어가는 형 혜희嵇熹를 전송하며 지은 18수의 연작시 중 하나로 입군 후 혜희의 행군을 상상하면서 그가 산수 자연 속에서 잠시 쉴 때 대도大道를 깨닫는 모습을 묘사하였다.

낙양으로 가는 길 중에서 짓다

산 넘고 물 건너 먼 길 떠나니
산천은 과연 크고도 넓구나
채찍 휘둘러 높은 언덕을 오르고
고삐를 늦추어 평원을 따라가네
저녁에 쉴 때 그림자를 안고 자고
아침에 길 떠날 때 다시 고향 생각
고삐를 놓고 높은 바위에 기대니
곁에 들리는 건 슬픈 바람 소리뿐
맑은 이슬에 떨어지는 달빛
명월은 어찌 이다지도 밝은지
베개를 어루만지며 잠 못 이루다가
옷을 털고 일어나 홀로 깊은 생각에 잠기네

부낙도중작赴洛道中作 육기陸機

遠遊越山川 원유월산천

山川修且廣 산천수차광
振策陟崇丘 진책척숭구
案轡遵平莽 안비준평망
夕息抱影寐 석식포영매
朝徂銜思往 조조함사왕
頓轡倚嵩岩 돈비의숭암
側聽悲風響 측청비풍향
淸露墜素輝 청로추소휘
明月一何朗 명월일하랑
撫枕不能寐 무침불능매
振衣獨長想 진의독장상

해설
작가는 서진西晉 사람으로 삼국시대 오吳나라 승상이었던 육손陸遜의 손자이며 대장군이었던 육항陸抗의 아들로 20세 때인 280년에 조국 오나라가 멸망하자 그 뒤 약 10년간 시골에 묻혀 지내면서 학문에만 몰두하다 진 무제 태강太康 말년에 낙양으로 나가 벼슬을 시작하게 되는데 위는 그때 낙양으로 가는 길에 지은 두 수 중 그 두 번째 시인데 4구의 안案은 안安과 통하는데 고삐를 늦추다는 의미다.

골바람

고요히 지내면서 사물을 잊고

고요히 생각하며 그윽함 즐기네
새끼 지도리는 덧묶고
옹기 창도 잘 단속했네
온화한 정신은 봄철이요
맑은 절개는 가을이어라
천지가 그저 그러하니
내 집 이미 느긋하여라

곡풍谷風 육운陸雲

閒居外物 한거외물
靜言樂幽 정언낙유
繩樞增結 승추증결
甕牖綢繆 옹유주무
和神當春 화신당춘
淸節爲秋 청절위추
天地則爾 천지즉이
戶庭尸悠 호정이유

해설

작가는 서진 사람으로 위에서 소개한 육기의 동생인데 3,4구의 승추와 옹유는 새끼줄로 지도리를 만들고 깨진 항아리로 창을 낸다는 것으로 가난한 집을 의미하는데 그럼에도 세속을 초월하여 유유자적한 삶을 추구하는 자신의 이상을 노래한 시다.

역사를 읊다

밝은 하늘에 흰 태양이 펼쳐지니
영험한 빛이 경사를 훤히 비추네
황성 안에 저택들 늘어서 있는데
날렵한 처마는 구름이 떠가는 듯
우뚝우뚝 높은 솟을대문 안에는
우글우글 다 왕과 제후들이어라
당연히 용 붙잡는 식객 아니나니
무엇하러 문득 와서 노닐겠는가?
갈옷을 걸치고 창합문을 나서서
발걸음 높이 하여 허유를 따르리
천 길 언덕에서 옷을 털고
만 리 흐르는 물에 발을 씻으리

영사팔수중詠史八首中 좌사左思

皓天舒白日 호천서백일
靈景耀神州 영경요신주
列宅紫宮裡 열택자궁리
飛宇若雲浮 비우약운부
峨峨高門內 아아고문내
藹藹皆王侯 애애개왕후

自非攀龍客 자비반룡객
何爲欻來遊 하위훌래유
被褐出閶闔 피갈출창합
高步追許由 고보추허유
振衣千仞岡 진의천인강
濯足萬里流 탁족만리류

해설
작가가 지은 영사팔수 중 다섯 번째 시로 10구의 허유는 요임금 시대의 전설적인 은자로 요임금이 제위를 넘겨주려 하자 받지 않고 달아나 숨었다고 하며 마지막 두 구는 내용뿐 아니라 대도 멋지다.

노심에게 답하는 시 중에서

음악이란 감상자 때문에 연주하며
맛이란 특별한 분 때문에 진기하지
글은 그것으로써 말을 밝히는 것이요
말은 그것으로써 정신을 펴는 것이지
그런 그대가 나를 떠나간다 하니
네 가지 아름다움 흩어져 버리리
맑은 술 있건만 술잔 엎어지고
갖은 악기 있건만 먼지만 끼겠지

좋은 책이 있어도 함께 펼 이 없고
휘장이 있어도 담소할 손님 없겠지
나의 덕은 외롭거니와
나의 이웃 또한 없겠지

답노심시중答盧諶詩中 유곤劉琨

音以賞奏 음이상주
味以殊珍 미이수진
文以明言 문이명언
言以暢神 언이창신
之子之往 지자지왕
四美不臻 사미불진
澄醪覆觴 징료복상
絲竹生塵 사죽생진
素卷莫啓 소권막계
幄無談賓 악무담빈
旣孤我德 기고아덕
又闕我鄰 우궐아린

해설
작가는 노심과 같이 서진 사람으로 그들이 살던 시대는 혼란의 시기였는데 두 사람 모두 노장老莊의 학문을 좋아했으며 교유가 친밀해 여러 차례 증답시贈答詩를 주고받았는데 위 시는 정치적 혼란에 따른 각자의 처지와 입장이 달라 같이 할 수 없고 서로 떨어져 지내게 된 상태에서 노심이 편지와 시를 보내오자 이에 답하여 유곤이 보낸 시 중의 일부분이다.

6구의 사미四美는 1에서 4구까지 설명한 음악, 맛, 글, 말(音, 味, 文, 言)을 말하고 마지막 두 구와 관련해 『논어』「이인」편에 "德不孤必有隣(덕불고 필유린, 덕이 있으면 외롭지 않고 반드시 이웃이 있다)"라고 하였다.

선계仙界를 노닐며

서울은 유협의 소굴
산림은 은둔자들이 깃드는 곳
부귀한들 어찌 영화가 족할까
봉래산에 의탁함만 못하리
샘에 이르러 맑은 물을 뜨고
언덕에 올라 붉은 영지를 따네
영계는 터 잡아 숨어 살기 좋은 곳
어찌 구름사다리에 오르랴
칠원에는 도도한 관리 있었고
노래자에겐 멋진 아내 있었다지
벼슬하면 용이 세상에 드러나는 것 같겠지만
물러나려 할 때 울타리에 뿔 걸린 숫양 처지가 된다
세속을 벗어나 높이 발을 내딛고

길게 읍하며 백이, 숙제와 작별하리라

유선시遊仙詩 곽박郭璞

京華遊俠窟 경화유협굴
山林隱遯棲 산림은둔서
朱門何足榮 주문하족영
未若托蓬萊 미약탁봉래
臨源挹淸波 임원읍청파
陵岡掇丹荑 능강철단이
靈谿可潛盤 영계가잠반
安事登雲梯 안사등운제
漆園有傲吏 칠원유오리
萊氏有逸妻 내씨유일처
進則保龍見 진즉보용현
退爲觸藩羝 퇴위촉번저
高蹈風塵外 고도풍진외
長揖謝夷齊 장읍사이제

해설
작가는 서진 말에서 동진 초의 사람으로 유선시遊仙詩 14수를 지었는데 7구의 영계는 물 이름이고 8구의 등운제는 구름사다리로 오르다란 뜻으로 신선이 되다, 출세하다는 의미인데 여기서는 후자의 의미로 사용되었으며 9구의 칠원은 장자가 관리로 일했던 고을이고 10구의 내씨는 노래자老萊子로 노래자가 초왕의 권유로 출사하려 했을 때 아내가 남에게 매여 지내는 것이 싫다고 해 그녀를 따라 은거했다고 하며 12구의 촉번저는 울타리에 뿔이 걸려 옴짝달싹 못하게 된 수양의 처지를 이르는 말이고 14구의 사이제는 은둔했다면서도 고사리를 뜯어먹은 백이, 숙제와 작별한다는 의미로 속세를 완전히 초탈하겠다는 강한 의지를 밝혔는데 그러나 실제로는 벼슬 중 죽임을 당했으니 시 내용처럼 살지 못하고 그 자신이 촉번저 신세가 된 모양이다.

난정집시

푸른 하늘가 우러러보고
맑은 물가를 내려보노라
고요하여라 끝없는 경관이여
훑어보니 이치 절로 펼쳤노라
위대할지니 저 조물주의 솜씨여
만 가지 달라도 고르지 않음 없네
뭇 소리가 비록 들쭉날쭉하여도
내게 맞아서 새롭지 않음 없네

난정집시蘭亭集詩 왕희지王羲之

仰視碧天際 앙시벽천제
俯瞰淥水濱 부감록수빈

寥閴無涯觀 요격무애관
寓目理自陳 우목리자진
大矣造化工 대의조화공
萬殊莫不均 만수막불균
群籟雖參差 군뢰수참치
適我無非新 적아무비신

해설
작가는 동진의 서예가로 서성書聖으로 추앙받는데 영화永和 9년(353년) 늦봄에 41인의 명사들이 회계會稽의 난정蘭亭에 모여 유상곡수流觴曲水의 연회를 열었는데 그때의 시를 모아 만든 책의 서문으로 쓴 난정서蘭亭序가 천하의 진품珍品으로 당 태종이 그 글씨를 좋아해 무덤에 같이 매장했다는 이야기가 전해 오는데 위는 그때 왕희지가 지은 시다.

사안에게 드리는 시

마침내 좋아하는 이를 따라
높이 구천에 머무르네
깊은 샘물 멀리 흐르고
구원은 우거졌네
뜰에 어지러운 수레바퀴 없고
집엔 맑은 거문고 소리 있네
발은 경계를 넘지 않고

담론은 오묘함 벗어나지 않네
마음은 뜬 구름에 기대고
기운은 고르고도 맑다네

증사안시贈謝安詩 손작孫綽

遂從雅好 수종아호
高跱九霄 고치구소
洋洋浚泌 양양준필
藹藹丘園 애애구원
庭無亂轍 정무난철
室有淸弦 실유청현
足不越疆 족불월강
談不離玄 담불이현
心憑浮雲 심빙부운
氣齊皓然 기제호연

해설

작가와 시를 받는 사안 모두 동진 사람으로 앞에 소개한 시의 해설처럼 왕희지가 주최한 회계 산음현의 난정 모임에 참석한 41명의 명사에 속했다.

전원으로 돌아와

어려서부터 세속에 영합하는 기질 없고
천성은 본시 언덕과 산을 사랑하였지
잘못하여 티끌세상 그물 속에 떨어져
단숨에 삼십 년이 지나갔구나
새장의 새는 옛 숲을 그리워하고
못의 물고기는 원래 못을 생각한다지
남쪽 들판 가의 황무지 개간하여
우둔한 천성이나 지키려고 전원으로 돌아왔다네
네모난 대지 십여 무에
초가집은 여덟아홉 간
느릅나무, 버드나무는 뒤 처마에 그늘 드리우고
복숭아, 오얏나무는 집 앞에 늘어서 있네
아스라이 이웃 마을 떨어져 있고
하늘하늘 마을 연기 피어오른다
개는 깊은 골목에서 짖고
닭은 뽕나무 꼭대기에서 우는구나
뜰에는 먼지나 잡된 것 없고
빈 방엔 한가로움이 넉넉하다네
오랫동안 새장 안에 갇혀 있다가
다시금 자연으로 돌아오게 되었네

귀원전거歸園田居 도잠陶潛

少無適俗韻 소무적속운
性本愛丘山 성본애구산
誤落塵網中 오락진망중
一去三十年 일거삼십년
羈鳥戀舊林 기조연구림
池魚思故淵 지어사고연
開荒南野際 개황남야제
守拙歸園田 수졸귀원전
方宅十餘畝 방택십여무
草屋八九間 초옥팔구간
榆柳蔭後簷 유류음후첨
桃李羅堂前 도리라당전
曖曖遠人村 애애원인촌
依依墟里煙 의의허리연
狗吠深巷中 구폐심항중
雞鳴桑樹顚 계명상수전
戶庭無塵雜 호정무진잡
虛室有餘閑 허실유여한
久在樊籠裡 구재번롱리
復得返自然 부득반자연

해설

작가는 동진의 전원시인으로 자는 연명淵明 또는 원량元亮이고 오류선생이라 불리기도 하는데 심양 시상 사람으로 증조부는 서진의 명장 도간陶侃으로 유수한 가문에 태어났지만 생활이 풍족하지 못한 환경에서 자라 강주좨주江州祭酒를 시작으로 다섯 번에 걸친 출사와 은퇴를 거듭하다 41세 때 팽택령彭澤令을 끝으로 벼슬을 그만두고 전원으로 돌아와 은거하였는데 위는 전원으로 돌아와 지은 귀원전거 다섯 수 가운데 첫째 수이다.

술을 마시다

마을 안에 띠풀 오두막 엮었으나
수레와 말의 시끄런 소리 없네
그대에게 묻노니 어찌 그럴 수 있느냐고
마음이 초연하니 사는 곳 절로 외지다오
동쪽 울타리 아래서 국화를 따고
유연히 남산을 바라보네
산 기운은 저녁 되자 아름다워지고
날던 새들도 서로 더불어 돌아오네
여기에 참뜻이 있으니
말하려다 이미 할 말을 잊었네

음주飮酒 도잠陶潛

結廬在人境 결려재인경
而無車馬喧 이무거마훤
問君何能爾 문군하능이
心遠地自偏 심원지자편
採菊東籬下 채국동리하
悠然見南山 유연견남산
山氣日夕佳 산기일석가
飛鳥相與還 비조상여환
此中有眞意 차중유진의
欲辯已忘言 욕변이망언

해설
작가의 음주시 20수 가운데 하나로 가장 많이 알려진 작품인데 5,6구가 특히 유명한 구절이다.

산에 오르다

우뚝 솟은 저 동산 드높아
빼어난 산꼭대기 푸른 하늘 뚫었네
암벽에 빈 집 끼어 있는데
적막하여 그윽하고 현묘하네
공인工人도 아니고 장인匠人도 아니라

구름이 만들어 자연에서 나온 것이라네
구름의 변화야, 너는 무슨 물건이기에
마침내 나더러 자주 옮기게 하느냐
아, 장차 이 집에 거처하면
천수天壽를 다할 수 있겠구나

등산登山 사도온謝道韞

峨峨東嶽高 아아동악고
秀極冲靑天 수극충청천
巖中間虛宇 암중간허우
寂寞幽以玄 적막유이현
非工復非匠 비공부비장
雲構發自然 운구발자연
氣象爾何物 기상이하물
遂令我屢遷 수령아루천
逝將宅斯宇 서장택사우
可以盡天年 가이진천년

해설
작가는 동진 사람으로 재상인 사안의 조카이자 안서장군安西將軍인 사혁謝奕의 딸이며 왕희지의 아들인 왕응지王凝之의 처다.

1구의 동악은 사씨 집안의 근거지인 회계지역의 동산東山을 가리키며 3구의 허우는 빈 집으로 산굴인 수岫를 말하며 도道의 집을 의미하는데 그렇기 때문에 4구에서 오묘하다고 말한 것이다.

지상루에 올라

못에 잠긴 용은 그윽한 자태 뽐내고
하늘을 나는 기러기는 소리 멀리 울리는데
하늘을 가까이하자니 떠다니는 구름에 부끄럽고
시내에 머물러 있자니 가라앉은 연못에 부끄럽네
덕망을 펼치자니 지혜가 부족하고
물러나 밭을 갈자니 감당할 힘이 부치는데
봉록을 쫓다 도리어 궁벽한 바닷가로 와서
병상에 누워 빈 숲을 마주하게 되었네
이부자리 속에서 계절 바뀜도 몰랐더니
누대의 휘장 걷게 해서 잠시 일어나 바깥세상을 엿본다
귀를 기울여 물소리도 들어 보고
눈을 들어 높은 산봉우리도 바라본다
초봄의 햇살은 남아 있는 찬바람 물리치고
새로운 햇볕은 오랜 음지를 따스하게 바꿨는데
연못가엔 푸릇푸릇 봄풀이 돋아나고
정원 버드나무에는 우는 새가 달라졌다

빈풍豳風의 칠월을 노래 부르며 상심하다가
초사楚辭의 초은사招隱士를 생각하며 감상에 빠져 보나니
홀로 있으매 세월이 긴 것이 쉽사리 느껴지고
무리를 떠나 있는지라 마음을 안정시키기 어렵도다
지조를 지키는 게 어찌 옛사람에게만 있으랴
번민 없는 삶의 증거 여기에도 있도다

등지상루登池上樓 사령운謝靈運

潛虯媚幽姿 잠규미유자
飛鴻響遠音 비홍향원음
薄霄愧雲浮 박소괴운부
棲川怍淵沈 서천작연침
進德智所拙 진덕지소졸
退耕力不任 퇴경력불임
徇祿反窮海 순록반궁해
臥痾對空林 와아대공림
衾枕昧節候 금침매절후
褰開暫窺臨 건개잠규림
傾耳聆波瀾 경이령파란
擧目眺嶇嶔 거목조구금
初景革緖風 초경혁서풍
新陽改故陰 신양개고음

池塘生春草 지당생춘초
園柳變鳴禽 원류변명금
祁祁傷豳歌 기기상빈가
萋萋感楚吟 처처감초음
索居易永久 삭거이영구
離群難處心 이군난처심
持操豈獨古 지조기독고
無悶徵在今 무민징재금

해설
작가는 동진의 명장 사현謝玄의 손자로 강락공康樂公이라는 봉호를 세습해 사강락謝康樂이라 불렸는데 송宋에 들어서서는 강락후康樂侯로 직위가 강등되고 이어 영가태수永嘉太守로 좌천되었다 얼마 후 사직하고 회계에 은거하면서 대자연을 찾아다니며 시를 지어 당시 유행하던 현언시풍玄言詩風을 바로잡고 산수시풍山水詩風을 열었다.
위 시는 영가태수로 재임 중 영가군(지금의 절강성 온주)에 있는 지상루에 올라 봄 풍경을 바라본 감회를 노래한 시인데 15,16구가 특히 유명하다.

범엽에게

매화 꺾어 들고 파발꾼을 만나
먼 변새의 그대에게 부치노라

강남에는 아무 것도 없어
그저 봄 매화 한 가지를 보내 주네

증범엽시贈范曄詩 육개陸凱

折梅逢驛使 절매봉역사
寄與隴頭人 기여농두인
江南無所有 강남무소유
聊贈一枝春 료증일지춘

해설
작가는 북위北魏 대북代北 출신의 선비족鮮卑族으로 남조 성홍지盛弘之의 형주기荊州記에는 육개가 범엽에게 보낸 것이라고 했지만 당나라 여악汝諤의 고시해古詩解에는 범엽은 강남사람이고 육개는 대북사람이므로 당연히 범엽이 육개에게 보낸 것이라 되어 있다.(류종목 외 역해, 『시가 1』, 명문당 참고)
1구의 둘째 자가 매梅가 아닌 화花로 되어 있는 곳도 있으며 2구의 농두隴頭는 농산隴山, 지금의 감숙성 육반산六盤山 남단을 말한다.

동전에서 노닐며

울적하니 모질게도 즐거운 일 없어
손잡고 함께 행락 길 나서네

구름 헤치며 층층 다락집 올라 보고
산길 따라서 버섯 누각 바라본다
멀리 나무숲 희미하게 우거져 있고
피어오르는 안개 어지러이 자욱하구나
물고기가 장난하니 새 연잎 흔들리고
새들이 흩어지니 남아 있는 꽃들 떨어진다
향기로운 봄 술에 마음 두지 않고
푸른 산의 성곽 두루 바라본다

유동전遊東田 사조謝朓

戚戚苦無悰 척척고무종
携手共行樂 휴수공행락
尋雲陟累榭 심운척루사
隨山望菌閣 수산망균각
遠樹曖阡阡 원수애천천
生煙紛漠漠 생연분막막
魚戲新荷動 어희신하동
鳥散餘花落 조산여화락
不對芳春酒 불대방춘주
還望靑山郭 환망청산곽

해설

작가는 제齊나라 사람으로 자가 현휘玄暉이며 선성태수 등을 역임했는데 그의 시는 사령운의 영향을 받아 산수시가 뛰어났으며 특히 그는 성률聲律과 대장對仗을 중시하는 영명체永明體의 대표적 시인으로 근체시의 형성에 크게 영향을 미쳤다.
위 시의 7,8구가 특히 빼어난데 남아 있는 꽃과 새로 난 연잎의 대로 계절이 늦봄과 초여름 사이임을 교묘하게 표현하였다.

장신궁의 풀을 읊다

푸른 줄기 굽혔으니 절도를 아는 듯
향기 머금었으니 마치 정이 있는 듯
오로지 찾는 발걸음이 적기 때문에
다투어 섬돌에 올라가 자라고자 하네

영장신궁중초詠長信宮中草 유견오庾肩吾

委翠似知節 위취사지절
含芳如有情 함방여유정
全由履跡少 전유리적소
併欲上階生 병욕상계생

해설

작가는 남조 양梁나라 사람으로 궁체시에 능하며 아래에 소개할 매화시의 작가인 유신庾信의 아버지다.

제목의 장신궁은 한나라 궁궐로 성제成帝 때 반첩여班倢伃가 조비연趙飛燕 자매로 인해 해를 입을까 걱정하여 스스로 물러나 태후를 모시던 곳이고 4구에서 풀이 섬돌 위로 다투어 올라 자라고자 한다 함은 임금의 총애를 잃었으나 여전히 여인으로서의 소망을 버리지 않는 모습을 상징하는 표현으로 작가가 그런 풀에서 반첩여의 모습을 떠올린 것은 아닐까?

호흥안과 밤에 작별하다

남겨진 사람 가려다 수레 되돌리기에
떠나려는 나그네 잠시 배를 묶어 두네
생각하니 여기 한자리에서 웃지만
헤어지면 두 곳의 애수가 되리
이슬은 차가운 연못의 풀을 적시고
달은 맑은 회수淮水의 물결에 비칠 텐데
바야흐로 새로운 이별의 한을 품고서
홀로 고향의 가을을 지키리라

여호흥안야별與胡興安夜別 하손何遜

居人行轉軾 거인행전식

客子暫維舟 객자잠유주
念此一筵笑 염차일연소
分爲兩地愁 분위양지수
露濕寒塘草 노습한당초
月映淸淮流 월영청회류
方抱新離恨 방포신리한
獨守故園秋 독수고원추

해설
작가는 남조 양나라 사람으로 그의 시는 풍격이 청신한 편인데 제목의 홍안은 현의 이름으로 지금의 사천성 성도 부근에 있고 호홍안은 홍안 현령을 지낸 호胡씨로 보이는데 위는 시인 자신이 떠나며 남겨진 사람에게 보내는 유별시留別詩로 3,4구의 대가 멋져 보인다.

임금님이 산속에 무엇이 있느냐고 물어서 시를 지어 답하다

산속에 무엇이 있느냐고요
고개 위에 흰 구름 많이 있지요
단지 스스로 즐길 수 있을 뿐
가져다 임금님께 드릴 수가 없군요

조문산중하소유부시이답詔問山中何所有賦詩以答
도홍경陶弘景

山中何所有 산중하소유
嶺上多白雲 영상다백운
只可自怡悅 지가자이열
不堪持贈君 불감지증군

해설
작가는 송, 제 두 왕조에 걸쳐 활동했으며 양나라 때에는 구곡산九曲山에 은거하여 무제가 몇 번이나 불러도 산에서 나오지 않고 대신 조정에 중대한 일이 있을 때만 자문에 응해 산중재상山中宰相이란 별명을 얻었는데 위 시는 양 무제가 거듭된 요청에도 출사를 거부하자 산속에 도대체 무슨 귀한 물건이 있어 나오지 않느냐고 묻는데 대해 이 시를 지어 답했다 하는데 4구의 증贈이 기寄로 된 데도 있다.

청초호를 건너며

동정호에 봄 물 가득하여
잔잔한 호수에 비단 돛 펼쳤네
원수沅水는 복사꽃 빛이요
상수湘水는 두약의 향기로다
굴에선 모산이 가깝고
강은 길어 무협까지 이어졌네
하늘 잇닿은 아득한 푸른 물빛 맑은데
해 비춰 물에 반사되는 빛은 일렁거리네

지나는 배 먼 나무에 머물러 있고
건너는 새 높은 돛대에서 쉬어 가네
넘실대는 물 헤아릴 수 없는데
일엽편주로 어찌 건널 수는 있을까?

도청초호渡靑草湖 음갱陰鏗

洞庭春溜滿　동정춘류만
平湖錦帆張　평호금범장
沅水桃花色　원수도화색
湘流杜若香　상류두약향
穴去茅山近　혈거모산근
江連巫峽長　강련무협장
帶天澄迥碧　대천징형벽
映日動浮光　영일동부광
行舟逗遠樹　행주두원수
度鳥息危檣　도조식위장
滔滔不可測　도도불가측
一葦詎能航　일위거능항

해설

작가는 양과 진陳 두 왕조에서 활동했으며 그의 시는 산수와 경물의 묘사에 뛰어났는데 청초호는 동정호의 동남쪽에 있는 호수로 북으로는 동성호에, 남으로는 소수瀟水와 상강湘江에, 동으로는 멱라수汨羅水에 연결되었다고 한다.

매화

옛날에는 섣달이 반쯤 지나면
이미 매화가 흐드러짐을 느꼈었지
올 봄엔 매화가 늦음이 믿기지 않아
함께 와서 눈 속에서 찾아보았네
나무가 흔들리자 매달린 얼음 떨어지고
가지가 높아 내미는 손 차갑구나
찾아도 볼 수 없음 일찍 알았어야 하는데
입은 옷 홑겹임이 정말 후회스럽네

매화梅花 유신庾信

常年臘月半 상년납월반
已覺梅花闌 이각매화란
不信今春晚 불신금춘만
俱來雪裡看 구래설리간
樹動懸冰落 수동현빙락
枝高出手寒 지고출수한

早知覓不見 조지멱불견
眞悔著衣單 진회착의단

해설
소무가 한 무제의 사신으로 흉노에 갔다가 억류당한 후 근 20년 만에 되돌아왔다면 위 시의 작가인 유신은 남조 양나라의 사신으로 서위西魏로 들어간 사이 양나라가 망하자 서위에서 그의 문재文才를 흠모한 나머지 그를 억류하고 돌려보내지 않아 서위와 서위가 망하고 들어선 북주北周에서도 계속 벼슬을 하면서 개부의동삼사開府儀同三司를 지내 유개부庾開府로도 불리는데 유신의 시는 남조의 화려하고도 아름다운 형식을 바탕으로 북조에 억류된 후 심적 고통을 묘사한 내용이 어울린 특유의 독창성으로 당시에 중요한 영향을 끼친 것으로 평가받는다.
위 시는 작가가 북방에 거주한 지 얼마 되지 않은 시기에 지은 것으로 낯선 타국 생활의 외로움을 매화에 기탁한 것으로 보이는데 1구의 첫째 자가 상常이 아닌 당當 자로 된 곳도 있다.

인일에 돌아갈 것을 생각하며

봄에 들어선 지 겨우 칠일이나
집을 떠난 지 벌써 이년이라네
나 돌아감은 기러기 뒤이겠지만
고향생각 피어남은 꽃 앞에 있다네

인일사귀人日思歸 설도형薛道衡

入春才七日 입춘재칠일
離家已二年 이가이이년
人歸落雁後 인귀낙안후
思發在花前 사발재화전

해설
작가는 대부분 수隋나라에서 벼슬을 했지만 위 시는 작자가 남조의 진陳나라에 출사했을 때 지은 시로 작년에 진나라에 온 작가가 고향을 떠난 지 벌써 두 번째 해가 되었음을 깨닫고 고향을 그리는 마음을 노래하였는데 인일은 음력 정월 초이렛날을 뜻한다.

낙엽

이른 가을 저 떨어지는 잎새에 놀라나니
떨어져 나부끼는 것이 나그네인 내 마음 같아서라
퍼덕이며 날아올라 아직 내려오려 하지 않으니
여전히 옛 숲을 애석해하는 것이리라

낙엽落葉 공소안孔紹安

早秋驚落葉 조추경낙엽

飄零似客心 표령사객심
翻飛未肯下 번비미긍하
猶言惜故林 유언석고림

해설
작가는 공자의 32대 자손으로 수, 당나라에서 벼슬을 했는데 위 시는 고향을 그리는 나그네의 마음을 읊은 노래로 고향을 그리는 그 마음을 떨어지는 낙엽이 고향 같은 숲이 아쉬워 쉬 떨어지지 않고 날아오르는 모습에 기탁하였다.

헤어져 보내며

떨어진 잎은 모였다 다시 흩어지고
날아간 새는 가서 돌아오지 않네
나의 막힌 길의 눈물 가지고
변방으로 떠나는 그대 옷을 적시네

송별送別 진자량陳子良

落葉聚還散 낙엽취환산
征禽去不歸 정금거불귀
以我窮途泣 이아궁도읍
沾君出塞衣 첨군출새의

해설
작가는 수, 당에 걸쳐 벼슬을 했는데 위 시는 변방으로 떠나는 친구에게 주는 시로 3구의 궁도란 표현에서 시인의 힘든 상황이 느껴짐에도 변방으로 나가는 친구는 더 힘들 테니 눈물이 흐를 수밖에 없다고 하는데 그래서 심덕잠은 고시원의 원주에서 감당하기 어렵다(불감不堪)라고 평했다.
1구는 이백의 삼오칠언 시의 3구와 똑같아 이백이 위 시를 참고했는지 우연히 작시 중 일치하게 되었는지 궁금하다.

제2장 唐代詩

제1절 唐 詩壇을 빛낸 뭇별들

진릉현승 육씨의 "이른 봄나들이"에 화답하여

벼슬살이 혼자서 떠도는 사람
경물의 새로움에 크게 놀란다
구름과 놀이 새벽바다에서 나오고
매화와 버들은 봄 강을 건너오네
온화한 기운이 꾀꼬리의 지저귐 재촉하고
맑은 봄빛이 마름을 푸르게 바꿔 놓는다
홀연히 옛 가락의 그대 노래 들으니
고향생각에 눈물이 수건을 적시네

화진릉육승조춘유망和晉陵陸丞早春游望 두심언杜審言

獨有宦游人 독유환유인
偏驚物候新 편경물후신
雲霞出海曙 운하출해서
梅柳渡江春 매류도강춘
淑氣催黃鳥 숙기최황조

晴光轉綠蘋 청광전녹빈
忽聞歌古調 홀문가고조
歸思欲沾巾 귀사욕첨건

해설
작가는 초당初唐 시인으로 진쯥의 명장이자 학자였던 두예杜預의 후손으로 성당盛唐의 대시인인 두보의 조부다.
위는 시인이 강음江陰에서 벼슬할 때 진릉현승을 지냈던 육씨의 시에 화답해 지은 시로 벗이 보낸 시에서 촉발된 고향생각을 묘사하면서 이른 봄 강남의 분위기를 청신하고 수려하게 그려 내었는데 호응린은 초당의 오언율시 중에서 이 시가 제일이라 평했다.

촉주로 부임해 가는 두소부를 전송하며

삼진 땅이 지키는 장안성에서
바람 불고 안개 낀 속에 다섯 나루터 바라본다
그대와 이별할 생각에 마음 쓰라린데
모두 하나같이 객지 떠돌며 벼슬하는 처지라네
세상에 나를 알아주는 이 있다면
천하가 마치 이웃 같을지니
갈림길에 서서는
아녀자처럼 함께 눈물로 수건 적시지 마세

송두소부지임촉주送杜少府之任蜀州 왕발王勃

城闕輔三秦 성궐보삼진
風煙望五津 풍연망오진
與君離別意 여군이별의
同是宦遊人 동시환유인
海內存知己 해내존지기
天涯若比隣 천애약비린
無爲在岐路 무위재기로
兒女共沾巾 아녀공첨건

해설
초당 시인인 작가가 장안에 있을 때 촉주로 부임하는 친구를 송별하며 지은 시로 특히 5,6 구는 우정의 소중함을 표현한 명구다.
1 구의 삼진은 지금의 섬서성 일대를 통괄하는 유역이고 2 구의 오진은 촉 중 민강岷江 유역의 다섯 나루터로 촉주를 지칭한다.

흰머리 늙은이를 대신하여 슬퍼하다

낙양성 동쪽의 복사꽃 오얏꽃
이리저리 날리어 누구 집에 떨어지나
낙양의 아가씨 미모가 시들까 아쉬워
떨어지는 꽃을 만나 길게 탄식한다

올해 꽃이 지면 얼굴색도 변할 텐데
내년 꽃 필 때면 누가 또 건재할까
이미 송백松栢이 베어져 땔나무 된 것을 보았고
다시 뽕나무밭이 변해 바다 된 것도 들었네
옛사람 더 이상 낙양성 동쪽에 없는데
지금 사람 오히려 바람에 지는 꽃을 대한다
해마다 피는 꽃은 같은데
해마다 사람은 같지 않구나
한창 때의 홍안의 소년들에게 말하거니와
부디 반쯤 죽어 가는 흰머리 늙은이를 불쌍히 여겨라
이 늙은이의 흰머리 정말 불쌍하지만
그 옛날엔 고운 얼굴의 미소년이었네
꽃나무 아래에 공자, 왕손과 놀기도 하고
지는 꽃 앞에서 노래와 춤도 추었지
광록대부 왕근처럼 연못과 누대에 금박 자수 놓은 장막 펼쳤고
대장군 왕기처럼 누각에는 신선이 그려져 있었지
하루아침에 병들어 눕자 알아보는 사람 없으니
삼춘의 즐거움 이제 누가 누리고 있는가
아리따운 눈썹의 미인도 몇 해나 가겠는가
잠깐 사이 흰머리 실처럼 어지러운 것을
다만 예부터 가무하던 곳 바라보니
오로지 황혼에 새들만 슬피 우네

대비백두옹代悲白頭翁 유희이劉希夷

洛陽城東桃李花　낙양성동도리화
飛來飛去落誰家　비래비거낙수가
洛陽女兒惜顔色　낙양여아석안색
行逢落花長歎息　행봉낙화장탄식
今年花落顔色改　금년화락안색개
明年花開復誰在　명년화개부수재
已見松栢摧爲薪　이견송백최위신
更聞桑田變成海　갱문상전변성해
古人無復洛城東　고인무부낙성동
今人還對落花風　금인환대낙화풍
年年歲歲花相似　연년세세화상사
歲歲年年人不同　세세년년인부동
寄言全盛紅顔子　기언전성홍안자
應憐半死白頭翁　응련반사백두옹
此翁白頭眞可憐　차옹백두진가련
伊昔紅顔美少年　이석홍안미소년
公子王孫芳樹下　공자왕손방수하
淸歌妙舞落花前　청가묘무낙화전
光祿池臺開錦繡　광록지대개금수
將軍樓閣畫神仙　장군루각화신선
一朝臥病無相識　일조와병무상식

三春行樂在誰邊 삼춘행락재수변
宛轉蛾眉能幾時 완전아미능기시
須臾鶴髮亂如絲 수유학발난여사
但看古來歌舞地 단간고래가무지
唯有黃昏鳥雀悲 유유황혼조작비

해설
작가는 일명 정지정之로 초당 사람인데 위 시는 한대 악부인 백두음白頭吟을 본떠 지은 것으로 11,12구의 年年歲歲花相似 歲歲年年人不同(연년세세화상사 세세년년인부동)이란 구절이 너무 탐나 장인인 송지문宋之問이 자기에게 줄 것을 요구하였다 거절당하자 앙심을 품고 죽였다는 일화가 전해지기도 한다.

대유령 북쪽 역에서 짓다

시월에 남으로 날아가던 기러기도
이곳에서 다시 돌아간다는데
내 발길은 멈출 수 없으니
어느 때나 다시 돌아갈까
강이 조용하니 바야흐로 조수가 쓸려 가고
숲이 어두우니 독기가 안 걷혔네
내일 아침 고향 바라보는 곳에서도
농산 마루의 매화를 볼 수 있겠지

제대유령북역題大庾嶺北驛 송지문宋之問

陽月南飛雁 양월남비안
傳聞至此回 전문지차회
我行殊未已 아행수미이
何日復歸來 하일부귀래
江靜潮初落 강정조초락
林昏瘴不開 임혼장불개
明朝望鄉處 명조망향처
應見隴頭梅 응견농두매

해설
위는 작가가 귀양 도중 지은 시인데 대유령은 강서성 대유현大庾縣 남쪽과 광동성 남웅현南雄縣 북쪽에 걸친 고개로 이 고개에 매화가 많아 매령梅嶺이라고도 하는데 길이 험하기로 유명하고 뒷날 소동파도 이 길을 거쳐 혜주로 귀양을 갔다.

고향으로 돌아와 우연히 짓다

고향 집 떠난 지 오래되니
근래 지인들은 반이나 사라져 버렸네
오직 문 앞 경호의 물만이 남아 있으니
봄바람도 오래된 물결 바꾸지 못했네

회향우서回鄕偶書 하지장賀知章

離別家鄕歲月多 이별가향세월다
近來人事半消磨 근래인사반소마
惟有門前鏡湖水 유유문전경호수
春風不改舊時波 춘풍불개구시파

해설
작가는 37세에 진사에 합격해 집을 떠난 이후 86세가 될 때까지 줄곧 장안에 머물다 만년에 절강성 소흥에 해당하는 산음山陰의 고향으로 돌아와 지은 연작시 중 둘째 수인데 현종이 사직을 허락하면서 성대한 연회를 베풀어 주었고 또 수려한 풍경을 자랑하는 경호와 섬계剡溪의 땅 일부를 하사했다고 하는데 위 작품을 완성하고 얼마 지나지 않아 죽었다.

유주의 누대에 올라

이전의 옛사람 보이지 않고
다가올 뒷사람 볼 수 없네
천지의 끝없는 영원함 생각하니
홀로 슬픔에 젖어 눈물이 흐른다

등유주대가登幽州臺歌 진자앙陳子昂

前不見古人 전불견고인
後不見來者 후불견래자
念天地之悠悠 염천지지유유
獨愴然而涕下 독창연이체하

해설
작가는 초당 시인으로 당시의 시가 육조六朝의 궁정시풍으로 수사에 치중하는 경향이 있었는데 작가는 이를 배격하고 한위漢魏의 풍골을 중시하여 초당에서 성당으로 넘어가는 시풍 전환에 큰 영향을 끼쳤다.
유주대는 유주에 있는 계북루薊北樓를 말하는데 위는 작가가 계구람고 칠수薊丘覽古七首 시를 읊은 후 감개에 북받쳐 뚝뚝 눈물을 흘리며 지은 시라고 한다.(송용준 옮김, 『진자앙시선 지식을 만드는 지식』참조)

촉에서 길 떠나기는 나중을 기약하며

나그네 마음은 시간을 다투기 마련이라
오고 감에 미리 기한을 정해 두었지만
가을바람이 나를 기다려 주지 않고
먼저 낙양성으로 가 버렸네

촉도후기蜀道後期 장열張說

客心爭日月 객심쟁일월

來往預期程 내왕예기정
秋風不相待 추풍불상대
先至洛陽城 선지낙양성

해설
작가는 초당 시인으로 좌승상 등을 역임하였으며 문장에 능했는데 위는 작가가 교서랑직에 있을 때 사천으로 출사했다가 낙양으로의 귀환이 예정보다 늦어지자 귀향의 바람을 노래한 시다.

거울 속 백발을 보며

예전에는 청운의 뜻 품었으나
지금은 세월을 헛되이 보낸 백발의 나이
누가 알았으랴 거울 속에서
몸과 그림자가 서로를 위로함을

조경견백발照鏡見白髮 장구령張九齡

宿昔靑雲志 숙석청운지
蹉跎白髮年 차타백발년
誰知明鏡裏 수지명경리
形影自相憐 형영자상련

해설
작가는 당 현종 때인 개원의 치세 시 현상賢相으로 활약했던 인물로 노년을 아쉬워하며 지은 시다.

양주사

야광배에 담겨 있는 잘 익은 포도주
마시려니 비파는 말에 오르라 재촉하네
취해 모래사장에 눕더라도 그대여 비웃지 말게
예로부터 전장에 나간 사람 몇이나 돌아왔던가?

양주사涼州詞 왕한王翰

葡萄美酒夜光杯 포도미주야광배
欲飮琵琶馬上催 욕음비파마상최
醉臥沙場君莫笑 취와사장군막소
古來征戰幾人回 고래정전기인회

해설
양주사는 한대 악부시 제목인데 양주는 오늘날의 감숙성 무위武威로 당시로는 세상의 끝이라 불리던 변방인데 위 시는 전장터로 나가는 병사의 심정을 묘사한 작품이다.

관작루에 올라

해는 산에 기대어 지려 하고
황하는 바다로 흘러든다
천리 저 멀리 바라보고자
다시 누각 한 층 더 올라 본다

등관작루登鸛雀樓 왕지환王之渙

白日依山盡 백일의산진
黃河入海流 황하입해류
欲窮千里目 욕궁천리목
更上一層樓 갱상일층루

해설
작가는 성당대의 변새시인으로 유명한데 불과 20자의 짧은 시이지만 색으로서의 백白과 황黃, 자연계의 일日과 하河와 산山과 해海, 수의 천千과 일一 등 대가 멋지다.

건덕강에 묵으며

배를 옮겨 안개 낀 물가에 정박하니

날은 저무는데 나그네의 수심 새롭게 이네
드넓은 벌판이라 나무는 하늘 밑에 붙어있는 듯하고
강은 맑아 물속 비친 달이 더욱 가까워 보이네

숙건덕강宿建德江 맹호연孟浩然

移舟泊煙渚 이주박연저
日暮客愁新 일모객수신
野曠天低樹 야광천저수
江淸月近人 강청월근인

해설
작가는 성당의 산수전원시인으로 40세에 생애 딱 한 차례 진사과에 응시했다 낙방한 후 한동안 장안에 머물다 오월지방을 2년여에 걸쳐 유람한 후 귀향한 적이 있었는데 그때 귀향길에 건덕강에 이르러 하루를 묵으면서 집을 떠난 나그네의 심사를 너무도 평이하고 담담하게 표현한 빼어난 작품이다.

종남산의 잔설을 바라보며

종남산 북면의 봉우리 빼어나니
덮인 눈은 떠 있는 구름 같아라
숲 위로 눈 개인 후의 햇빛 밝아 오는데

저녁 되자 장안성엔 한기 더해 가네

망종남잔설望終南殘雪 조영祖詠

終南陰嶺秀 종남음령수
積雪浮雲端 적설부운단
林表明霽色 임표명제색
城中增暮寒 성중증모한

해설
작가는 성당 사람으로 종남산은 장안의 남쪽 교외에 있는 산인데 청대 왕사정王士禎은 영설시詠雪詩 가운데 가장 뛰어난 시라 평하였다.

산장의 가을 저녁 무렵

빈 산 새로이 비 내린 뒤
때는 저녁이라 가을 기운 다가온다
밝은 달빛은 솔숲 사이 비추고
맑은 냇물은 돌 위를 흐른다
대숲 떠들썩하니 빨래 나온 여인네 돌아가고
연잎 흔들거리니 고기잡이배 내려가누나
멋대로 봄의 향기 다한다 해도

왕손은 그래도 산중에 머무르리라

산거추명山居秋暝 왕유王維

空山新雨後 공산신우후
天氣晚來秋 천기만래추
明月松間照 명월송간조
淸泉石上流 청천석상류
竹喧歸浣女 죽훤귀완녀
蓮動下漁舟 연동하어주
隨意春芳歇 수의춘방헐
王孫自可留 왕손자가류

해설
작가는 성당의 산수전원시인으로 시뿐만 아니라 그림과 음악에도 정통했고 독실한 불교신자라 그를 시불詩佛이라 부르기도 한다.
위는 소동파가 작가의 시를 평가한 것처럼 詩中有畵(시중유화, 시 속에 그림이 있는 듯하다)의 아취가 느껴지는 작품이다.

파산사 뒤 선원에 쓰다

맑은 새벽 옛 절에 오르니
막 뜨는 해 높은 숲을 비추네

대숲 길은 그윽한 곳으로 통하고
선방에는 꽃나무 우거졌네
산빛은 새들의 본성 즐겁게 하고
못 그림자는 사람의 마음 비우네
천지의 모든 소리 다 고요한데
들려오는 건 다만 종소리, 경쇠소리뿐

제파산사후선원題破山寺後禪院 상건常建

淸晨入古寺 청신입고사
初日照古林 초일조고림
竹徑通幽處 죽경통유처
禪房花木深 선방화목심
山光悅鳥性 산광열조성
潭影空人心 담영공인심
萬籟此俱寂 만뢰차구적
惟餘鐘磬音 유여종경음

해설
작가는 왕유, 맹호연처럼 산수자연의 아름다움을 즐겨 노래한 성당 시인으로 7구의 구俱가 도都로, 8구의 유惟가 단但으로 표기된 곳도 있는데 호응린은 위 시를 오언율시 중에 입선入禪한 것이라 평했다.

사막에서 짓다

서쪽으로 말을 달려 하늘 끝 이를 듯한데
집을 떠나 두 번이나 둥근 달 보았네
오늘 밤도 어디서 자야 할지 모르겠는데
만 리 드넓은 사막엔 인가조차 없네

적중작磧中作 잠삼岑參

走馬西來欲到天 주마서래욕도천
辭家見月兩回圓 사가견월양회원
今夜不知何處宿 금야부지하처숙
平沙萬里絶人煙 평사만리절인연

해설
작가는 성당 시인으로 변새시로 유명해 주로 변새의 황량한 풍경과 전장의 참혹한 모습 등을 소재로 그 속에 고난을 겁내지 않는 장사들의 영웅적인 기개를 노래하였다.

풍교에서 밤에 정박하다

달 지고 까마귀 울며 서리는 하늘에 가득할 제

강가 단풍과 고깃배 불 마주 보며 시름 속 잠드네
고소성 밖의 한산사에서
한밤중 종소리가 나그네 배에 들리네

풍교야박楓橋夜泊 장계張繼

月落烏啼霜滿天 월락오제상만천
江楓漁火對愁眠 강풍어화대수면
姑蘇城外寒山寺 고소성외한산사
夜半鍾聲到客船 야반종성도객선

해설
위 시의 마지막 결구結句에 대해 구양수는 육일시화六一詩話에서 절에서 삼경에는 종을 치지 않는다고 하면서 좋은 구를 탐구하느라 이치가 통하지 않았다고 했고 이에 다른 여러 사람들이 실제 야반종夜半鍾이 있었음을 밝히는 등 그에 따른 논쟁이 한동안 계속되었다 한다.

봄 시름

풀빛은 파릇파릇 버들 색은 노란데
복사꽃 흐드러지게 피고 오얏꽃 향기롭다
봄바람은 나를 위해 수심을 불어 없애 주지 않고
봄날은 오히려 한만 들춰내 길어지게 하네

춘사春思 가지賈至

草色靑靑柳色黃 초색청청류색황
桃花歷亂李花香 도화역란이화향
東風不爲吹愁去 동풍불위취수거
春日偏能惹恨長 춘일편능야한장

해설
작가는 성당 사람으로 진사에 급제해 예부시랑, 경조윤 등 여러 관직을 거쳤는데 위는 시인이 악주로 좌천되었을 때 봄을 맞은 감개를 노래한 시로 춘사는 악부 제목인데 연작시 2수 중 첫째 수다.

돌아가는 기러기

소상강을 어찌 대수롭지 않게 여겨 돌아가는가
물 푸르고 모래 맑으며 양 언덕 이끼도 많은데
달밤에 타는 이십오현 거문고 소리에
애절한 슬픔 듣다못해 다시 돌아가는가

귀안歸雁 전기錢起

瀟湘何事等閒回 소상하사등한회

水碧沙明兩岸苔 수벽사명양안태
二十五弦彈夜月 이십오현탄야월
不勝淸怨却飛來 불승청원각비래

해설
소상은 소강瀟江과 상강湘江 유역으로 예로부터 명승지로 알려졌으며 소강과 상강이 호남성 남부에서 만나 한참을 흐르다 동정호로 들어가는데 부근에 형산이 있고 형산 제일봉이 회안봉回雁峰으로 북에서 날아오던 기러기가 여기서 돌아간다고 한다.
3구와 관련해 거문고와 비슷한 악기로 25현의 슬瑟이 있는데 순임금이 순수 중 호남성 남부 창오蒼梧에서 죽자 두 부인인 아황娥皇과 여영女英도 상강 가에서 그 뒤를 좇아 죽어 상강의 여신이 되어 슬을 탄다는 전설이 있다.

봄 강에 홀로 낚시하며

홀로 봄 강에 낚싯대 드리우니
봄 강의 흥취 마냥 길다네
물안개 풀에 깃들어 푸르고
흐르는 물은 꽃향기 띠었구나
마음은 백사장 갈매기와 같아
뜬구름 인생을 쪽배에 실었노라
연잎 옷은 애당초 먼지에 물들지 않으니

새삼 창랑수에 씻어 무엇하리

춘강독조春江獨釣 대숙륜戴叔倫

獨釣春江上 독조춘강상
春江引趣長 춘강인취장
斷煙栖草碧 단연서초벽
流水帶花香 유수대화향
心事同沙鳥 심사동사조
浮生寄野航 부생기야항
荷衣塵不染 하의진불염
何用濯滄浪 하용탁창랑

해설
작가는 지방관으로서 혁혁한 치적을 남긴 중당 시인이다.

저주의 서쪽 골짜기에서

계곡 가에 자란 풀을 특히나 사랑하니
위에선 꾀꼬리가 깊은 숲에서 우짖는다
봄물이 불어나고 비마저 와 저녁 강물 세찬데
나루에는 사람 없이 배만 홀로 가로놓여 있네

저주서간滁州西澗 위응물韋應物

獨憐幽草澗邊生 독련유초간변생
上有黃鸝深樹鳴 상유황리심수명
春潮帶雨晚來急 춘조대우만래급
野渡無人舟自橫 야도무인주자횡

해설
작가는 중당 시인으로 시풍이 담담하고 고원하며 사경寫景에 뛰어나고 은일생활을 즐겨 묘사하였는데 위는 작가가 저주자사로 있을 때 저주의 계곡을 노래한 시로 마지막 구는 송대 한림도화원의 화제로 출제되기도 한 명구다.

강촌의 생활

낚시 끝내고 돌아와 배를 매어 놓지 않고서
달이 진 강마을에서 바로 잠들기 바쁘네
비록 하룻밤 사이 바람에 불려 간다 한들
기껏해야 갈대꽃 핀 얕은 물가에 있을 것을

강촌즉사江村卽事 사공서司空曙

罷釣歸來不繫船 파조귀래불계선

江村月落正堪眠 강촌월락정감면
縱然一夜風吹去 종연일야풍취거
只在蘆花淺水邊 지재노화천수변

해설
작가는 중당 시인으로 서정시와 여수시旅愁詩에 뛰어났는데 시제 중 즉 사卽事는 사실 또는 보이는 그대로를 서술하는 것으로 한시의 제목으로 많이 사용된다.

나그네 노래

자애로운 어머니의 손에 들린 실
떠도는 나의 몸에 옷이 되었지
떠나기에 앞서 촘촘하게 꿰매어 주신 것은
더디 돌아올까 걱정하셨기 때문이라네
누가 그랬든가 한 치밖에 되지 않는 풀의 마음으로
삼 개월 동안의 봄빛 갚을 수 있느냐고

유자음遊子吟 맹교孟郊

慈母手中線 자모수중선
游子身上衣 유자신상의

臨行密密縫 임행밀밀봉
意恐遲遲歸 의공지지귀
誰言寸草心 수언촌초심
報得三春暉 보득삼춘휘

해설

위는 모정을 읊은 시 중 최고의 걸작으로 평가받고 있으며 1992년 홍콩의 한 문화단체가 가장 좋아하는 당시를 설문조사한 결과 득표율 1위로 나왔던 시로 작가가 50세 되어서야 비로소 강소성 율양현의 현위라는 말단 관직을 맡게 되자 그때 고향 절강성 덕청에 살던 노모를 율양으로 모셔 오면서 지은 시라 한다.(모리펑 저 최석원 옮김, 『당시 그 아름다움에 대하여』 경북대학교출판부 간 참고)

가을 시름

낙양성에 가을바람 불어와
집에 편지하려니 생각이 만 갈래
총총히 쓰느라 할 말 다 못하였을까
가는 사람 떠나려는데 다시 뜯어본다

추사秋思 장적張籍

洛陽城裏見秋風 낙양성리견추풍

欲作家書意萬重 욕작가서의만중
復恐忽忽說不盡 부공총총설부진
行人臨發又開封 행인임발우개봉

해설
작가는 중당 시인으로 악부시에 능했는데 송의 왕안석은 장적의 시를 평범한 듯이 보이면서도 가장 기발하고 쉽게 지은 것 같으면서도 매우 고심하였다 평하였다.

계림으로 가는 엄대부를 전송하며

푸르디푸른 여덟 그루 계수나무 빽빽한 곳
그곳은 상수 남쪽에 있다네
강은 푸른 비단 띠를 이루고
산은 마치 푸른 옥비녀 같다네
집집마다 물총새 깃털 바치고
집에는 황피과를 심는다네
신선이 되어 떠나는 것보다 훨씬 나을 테니
난새 탈 필요 없다네

송계주엄대부送桂州嚴大夫 한유韓愈

蒼蒼森八桂 창창삼팔계
玆地在湘南 자지재상남
江作靑羅帶 강작청라대
山如碧玉簪 산여벽옥잠
戶多輸翠羽 호다수취우
家自種黃甘 가자종황감
遠勝登仙去 원승등선거
飛鸞不假驂 비란불가참

해설
계림으로 벼슬하러 가는 엄대부를 전송하며 지어 준 시로 3,4구는 계림에서 배를 타고 이강漓江을 유람할 때 상상되는 모습인데 구불구불 흐르는 맑은 이강은 푸른빛 허리띠 같고 이강 양쪽 언덕에 우뚝 솟은 산봉우리는 마치 푸른 옥비녀 같다는 표현이 멋지다.

못에서

예쁜 소녀가 소그만 배를 서어
흰 연꽃을 몰래 꺾어 가네
그러나 그 자취 감출 줄 몰라
부평 사이 한 길을 남겨 놓았네

지상池上 유우석劉禹錫

小娃撑小艇 소와탱소정
偸採白蓮回 투채백련회
不解藏蹤跡 불해장종적
浮萍一道開 부평일도개

해설
작가는 유종원과 함께 왕숙문이 추진하던 영정혁신에 참여했다 실패하고 오랜 유배생활을 해 오다 20여 년 만에 조정으로 복귀해 정치적으로 부침浮沈이 심하고 회재불우懷才不遇했던 시인인데 위는 장난삼아 연꽃을 꺾어 간 소녀의 천진함이 드러나는 시로 4구의 부평은 개구리밥과의 여러해살이 수초를 말한다.

저무는 강가의 노래

한줄기 석양빛이 강물에 번지니
강물의 절반 푸른데 나머지 절반 붉어가도다
마침 때는 구월 초사흘 청명한 가을밤인지라
이슬은 진주방울 같고 달은 활 모양의 초승달이어라

모강음暮江吟 백거이白居易

一道殘陽鋪水中 일도잔양포수중
半江瑟瑟半江紅 반강슬슬반강홍

可憐九月初三夜 가련구월초삼야
露似眞珠月似弓 노사진주월사궁

해설
작가는 중당 시인으로 자는 낙천樂天이며 호가 취음선생醉吟先生으로 평이한 시를 짓기로 유명하며 대표작은 장편인 비파행과 장한가라 할 수 있다.
음악의 경우 같은 가락을 반복 되풀이해 경쾌한 리듬감을 취하는 것처럼 성조聲調가 있는 중국말의 같은 자를 되풀이함으로 리듬감을 살린 것이 위 시의 또 다른 매력이다.

고기 잡는 늙은이

늙은 어부 밤이 되면 서쪽 바위 가에 묵고
새벽이면 맑은 상강 물 긷고 대나무 태워 밥 짓는다
안개에 덮여 해 나와도 사람 볼 수 없더니
어기여차 한 소리에 산수가 푸르네
하늘 끝 돌아보며 중류로 내려가는데
바위 위 뒤따르는 무심한 구름이어라

어옹漁翁 유종원柳宗元

漁翁夜傍西巖宿 어옹야방서암숙

曉汲淸湘燃楚竹 효급청상연초죽
烟鎖日出不見人 연쇄일출불견인
欸乃一聲山水綠 애내일성산수록
廻看天際下中流 회간천제하중류
巖上無心雲相逐 암상무심운상축

해설
작가는 독조한강설獨釣寒江雪이란 구로 유명한 강설江雪을 지은 시인으로 어옹이 아침에 일어나 강 위로 나오는 모습을 정취 있게 그리고 있는데 이 시는 6구이나 4구만으로도 완결된 맛이 있어 이 때문에 중국 시사詩史에서 4구가 좋은지 6구가 더 좋은지로 논쟁이 있었다 하는데 소동파는 4구로 족하다 했고 나로서도 5,6구가 오히려 사족처럼 느껴진다.

도성의 남쪽 집에서

지난해 오늘 이 문 안에선
그녀 얼굴과 복사꽃 서로 어울려 고왔지
그 얼굴 어디로 갔는지 알 수 없고
복사꽃만 여전히 봄바람에 웃고 있네

제도성남장題都城南莊 최호崔護

去年今日此門中 거년금일차문중
人面桃花相映紅 인면도화상영홍
人面不知何處去 인면부지하처거
桃花依舊笑春風 도화의구소춘풍

해설
작가는 황학루를 지은 최호崔顥와는 다른 사람으로 어떤 책에서는 위 시의 제목을 題昔所見處(제석소견처, 옛날 보던 곳에서)라 표기된 데도 있다.

이응의 그윽한 집에 부쳐

한가히 살아 이웃도 드문데
풀길이 거친 마당으로 이어진다
새는 연못가 나무에서 잠들고
스님은 달 아래 문을 두드린다
다리를 건너니 들 빛이 분명하고
구름 헤쳐 걸으니 돌이 따라 움직이는 듯하다
잠시 갔다 다시 여기로 돌아올 테니
그윽한 만남의 그 약속 저버리지 말기를

제이응유거題李凝幽居 가도賈島

閑居少隣幷 한거소린병
草徑入荒園 초경입황원
鳥宿池邊樹 조숙지변수
僧敲月下門 승고월하문
過橋分野色 과교분야색
移石動雲根 이석동운근
暫去還來此 잠거환래차
幽期不負言 유기불부언

해설
작가는 중당 시인으로 가난과 거듭된 과거 낙방 끝에 출가했다가 한유의 영향으로 환속해 낮은 벼슬을 했다.
위는 퇴고의 어원이 되는 시로 가도가 서울로 과거 보러 갔을 때 하루는 나귀 위에서 鳥宿池邊樹 僧敲月下門(조숙지변수 승고월하문)이란 시구를 떠올려 문을 민다는 퇴推 자로 할지 두드린다는 고敲 자로 할지를 고민하다 당시 경조윤이었던 한유의 가마를 부딪쳤고 그 사정을 들은 한유가 고敲 자가 좋다고 했다는 이야기가 전해 오는데 6구와 관련해 옛사람들은 구름을 돌에 부딪쳐 생긴다고 여겨 돌을 운근雲根이라 불렀다 한다.

절양류

길가의 봄버들 가슴 아프게 바라보니

한가지 다 꺾으니 새 가지 자랐더라
지난 해 꺾은 자리 올해 다시 꺾지만
떠나는 사람은 작년 떠나보낸 그 사람 아니어라

절양류折楊柳 시견오施肩吾

傷見路傍楊柳春 상견로방양류춘
一枝折盡一重新 일지절진일중신
今年還折去年處 금년환절거년처
不送去年離別人 불송거년이별인

해설
회자정리會者定離라 세상사에 이별이 많으니까 이별하는 사람도 많고 이별의 노래도 많은 모양이다.

새하곡

상건하 북쪽에서 벌어진 밤중의 전투에
진나라 병사의 반은 불귀의 객이 되었네
아침에 고향에서 날아온 편지에
이미 겨울옷을 부쳤다 하네

새하곡塞下曲 허혼許渾

夜戰桑乾北 야전상건북
秦兵半不歸 진병반불귀
朝來有鄕信 조래유향신
猶自寄寒衣 유자기한의

해설
전쟁의 비극을 노래한 시로 1구의 상건은 노구하盧溝河라고도 불렀는데 지금의 영정하永定河로 산서성 마읍현 상건산에서 발원하여 북경 서남으로 돌아드는데 지금의 북경 일대다.

강남의 봄

천 리에 꾀꼬리소리, 푸른 잎 붉은 꽃과 어우러지고
강마을과 산촌에는 술집 깃발 나부낀다
옛적 남조 시대의 땅, 사백 팔십 개 절에는
수많은 누대마다 안개비에 젖었구나

강남춘江南春 두목杜牧

千里鶯啼綠映紅 천리앵제녹영홍

水村山郭酒旗風 수촌산곽주기풍
南朝四百八十寺 남조사백팔십사
多少樓臺煙雨中 다소누대연우중

해설
작가는 유려流麗한 시어의 구사와 탁월한 경물 묘사로 이상은과 더불어 만당晚唐 시대를 대표하는 시인인데 특히 절구에 뛰어나 위 외에도 산행山行, 박진회泊秦淮, 석별惜別, 적벽赤壁, 청명淸明, 견회遣懷 등 인구에 회자되는 명편들을 많이 남겼다.

무제

만나기도 어렵다지만 이별은 더더욱 어려워
봄바람 잦아들 무렵 온갖 꽃 다 시들었다오
봄누에는 죽어서야 실 토해 내기를 그치고
촛불은 재 되어서야 눈물이 겨우 마르지요
아침 단장에 구름 같은 머리 변해 수심이 일고
한밤에 읊조리니 달빛의 차가움 느껴지는데
봉래산은 여기서 가는 길 많지 않다 하니
파랑새야 부탁컨대 나를 위해 길 좀 찾아 주렴

무제無題 이상은李商隱

相見時難別亦難 상견시난별역난
東風無力百花殘 동풍무력백화잔
春蠶到死絲方盡 춘잠도사사방진
蠟炬成灰淚始乾 납거성회루시건
曉鏡但愁雲鬢改 효경단수운빈개
夜吟應覺月光寒 야음응각월광한
蓬山此去無多路 봉산차거무다로
靑鳥殷勤爲探看 청조은근위탐간

해설
위는 작가가 진사가 되기 전에 옥양산에 은거하며 공부하고 있을 때 마침 현종의 여동생인 옥진공주도 그곳에서 수양하고 있었는데 우연히 작가가 공주를 모시던 한 궁녀를 알게 되어 서로 사랑을 하게 되었지만 결국은 이루지 못할 사랑이라 그 감회를 무제라는 제목의 시들로 표현했다 한다.(송철규 저,『중국 고전이야기』, 소나무 참조)
3,4구와 관련해 두목의 석별이란 시에 나오는 "蠟燭有心還惜別 替入垂淚到天明(납촉유심환석별 체입수루도천명, 촛불이 유심하여 도리어 이별 안타깝게 여겨 심지를 갈고 또 갈아 새벽 날 샐 때까지 눈물 흘리네)"라는 구절도 생각이 나 같이 소개한다.

상산의 새벽길

새벽에 일어나 말방울 울리자니

나그네 길 고향 생각에 서럽다
달 지는 초가 객점에 닭이 우는데
다리 위 서리엔 사람 지나간 흔적 남아 있네
떡갈잎 산길에 우수수 떨어지고
탱자꽃 역 담장에 훤히 피었네
이로 꿈같은 두릉의 일 생각나는데
오리와 기러기 연못에 가득했었지

상산조행商山早行 온정균溫庭筠

晨起動征鐸 신기동정탁
客行悲故鄕 객행비고향
雞聲茅店月 계성모점월
人跡板橋霜 인적판교상
槲葉落山路 곡엽락산로
枳花明驛牆 지화명역장
因思杜陵夢 인사두릉몽
鳧雁滿回塘 부안만회당

해설

작가는 만당 사람으로 사詞로 독자적인 영역을 구축해 화간비조花間鼻祖란 평을 받는데 7구의 두릉은 한나라 선제宣帝의 능으로 섬서상 장안현 동북쪽에 있으며 여기서는 장안을 가리키는데 새벽 일찍 일어나

상산 앞을 지나면서 본 객지의 풍경을 묘사하고 아울러 그로 인하여 일어난 도성에서의 꿈같은 지난날을 회상한 시다.

신선의 노래

청계산의 도사를 세상에선 모르지만
하늘 위아래를 학을 타고 다닌다네
동굴 문을 굳게 닫고 푸른 창 찬바람 속에서
이슬로 붉은 먹 갈아 주역에 방점을 찍네

보허사步虛詞 고병高騈

靑溪道士人不識 청계도사인불식
上天下天鶴一隻 상천하천학일척
洞門深鎖碧窓寒 동문심쇄벽창한
滴露硏朱點周易 적로연주점주역

해설
작가는 젊어서부터 무예가 뛰어나 절도사 등을 역임했고 최치원이 그 막하에 있었는데 나중에 역모를 의심한 조정에서 병권을 빼앗자 세상일을 버리고 신선술에 빠져 결국 반역죄로 처형되어 죽는다.
유중옹의 형주기에 임저현臨沮縣에 청계산靑溪山이 있고 그 산 동쪽에 샘이 있으며 샘 옆에 도사의 정사精舍가 있다고 한다.(박일봉 역저,『고문진보』「시편」, 육문사 참고)

금릉도

강의 비 부슬부슬, 강가 풀은 가지런한데
육조는 꿈이런가 부질없이 새만 운다
가장 무정한 건 성 위의 버들인가
예처럼 안개에 싸여 십 리 긴 둑에 서 있네

금릉도金陵圖 위장韋莊

江雨霏霏江草齊 강우비비강초제
六朝如夢鳥空啼 육조여몽조공제
無情最是臺城柳 무정최시대성류
依舊煙籠十里堤 의구연롱십리제

해설

작가는 만당 시인으로 그의 시는 청려淸麗한 편이나 시보다 사詞에 더욱 뛰어나 온정균과 더불어 온위溫韋로 병칭되어지는 화간파花間派의 대표적 사인詞人이다.
위는 금릉의 풍경을 그린 그림을 보고 지은 제화시로 세월의 부질없음과 인간사의 흥망성쇠가 꿈만 같음을 노래한 시인데 금릉은 지금의 강소성 남경으로 오吳, 동진東晉, 송宋, 제齊, 양梁, 진陳 등 여섯 왕조의 도읍이었고 그래서 그 시대를 육조六朝라 부른다.

초서병풍

뉘 집 전해지는 병풍일까
그 글씨 회소의 솜씨가 분명하네
먼지 쌓이고 퇴색되긴 했지만
아직도 먹물은 그대로 진하네
가을 계곡에 기괴한 바위 굴러가는 듯
늙은 소나무에 마른 등 넝쿨 걸친 듯
그 병풍 그대로 물가에라도 둘 양이면
글자 하나하나 용이 될까 두렵네

초서병풍草書屛風 한악韓偓

何處一屛風 하처일병풍
分明懷素踪 분명회소종
雖多塵色染 수다진색염
猶見墨痕濃 유견묵흔농
怪石奔秋澗 괴석분추간
寒藤挂古松 한등괘고송
若敎臨水畔 약교임수반
字字恐成龍 자자공성룡

해설

2구의 회소는 당대 서예가로 특히 초서에 능해 장욱張旭과 함께 전장취소顚張醉素로 병칭되어진다.

제2절 唐 詩壇을 밝힌 해와 달

1. 李白의 詩

아미산의 달 노래

아미산의 반쪽 된 가을 달은
그림자 평강 강물 따라 흐르네
밤에 청계를 출발해 삼협으로 향하는데
님을 그리나 못 본 채 유주로 내려가네

아미산월가峨眉山月歌

峨眉山月半輪秋 아미산월반륜추
影入平羌江水流 영입평강강수류
夜發淸溪向三峽 야발청계향삼협
思君不見下渝州 사군불견하유주

해설
작가가 고향인 촉을 떠나 중원으로 첫발을 내딛는 25세 때의 작품으로 4구의 유주는 오늘의 중경을 말하는데 하나의 시에 지명이 다섯 개 나오는데도(아미산, 평강, 청계, 삼협, 유주) 전혀 어색하지 않고 오히려 독자들이 밤배를 타고 가는 양 시의 전개가 막힘이 없이 자연스럽다.

산중에서 묻고 답하다

어째서 푸른 산에 사느냐 물어도
웃을 뿐 대답 않으니 마음이 한가롭네
복숭아꽃 물 따라 아득히 흘러가니
별천지 따로 있어 인간 세상 아니네

산중문답山中問答

問余何事棲碧山 문여하사서벽산
笑而不答心自閑 소이부답심자한
桃花流水杳然去 도화류수묘연거
別有天地非人間 별유천지비인간

해설

진대 시황의 폭정을 피해 무릉군武陵郡의 도원향桃源鄕에 들어간 사람들의 자손이 별천지를 이루고 외계와 단절된 생활을 하던 중 한 어부가 우연히 복숭아꽃이 흘러오는 상류를 찾아 올라갔다가 도원향을 발견하였다는 도연명의 도화원시桃花源詩가 있는데 위 시 역시 도화류수桃花

流水와 별유천지別有天地를 대비시켜 작가가 사는 곳이 스스로의 이상향인 도화원임을 은연 중 나타내고 있다.

아침에 백제성을 떠나

아침에 채색구름 사이 백제성을 떠나
천 리 물길 강릉을 하루 만에 돌아오네
양쪽 언덕의 원숭이 울음 끝이 없는데
가벼운 배는 이미 만 겹 산 다 지나쳤네

조발백제성早發白帝城

朝辭白帝彩雲間 조사백제채운간
千里江陵一日還 천리강릉일일환
兩岸猿聲啼不住 양안원성제부주
輕舟已過萬重山 경주이과만중산

해설
백제성은 지금의 중경시 봉절현인데 작가가 759년 귀주 야량으로 유배 가다가 백제성에서 사면을 받아 강릉으로 돌아가면서 지은 시로 명대 양신楊愼은 바람과 비를 놀라게 하고 귀신을 울게 하는(驚風雨而泣鬼神, 경풍우이읍귀신) 시라 평했다 한다.

고요한 밤의 생각

침상 앞의 밝은 달빛
마치 땅 위에 서리가 내린 듯
머리 들어 산에 걸린 달 쳐다보고
고개 숙여 고향을 생각한다

정야사靜夜思

牀前明月光 상전명월광
疑是地上霜 의시지상상
擧頭望山月 거두망산월
低頭思故鄕 저두사고향

해설
서리가 내린 듯한 하얀 달빛을 보고 고향을 그리워하는 심경을 읊은 시다.

추포의 노래

추포에는 흰 원숭이 많아
뛰어오르는 모습이 흩날리는 눈과 같은데

나뭇가지 위의 새끼를 끌어
물을 마시며 물에 비친 달과 장난치네

추포가秋浦歌

秋浦多白猿 추포다백원
超騰若飛雪 초등약비설
牽引條上兒 견인조상아
飮弄水中月 음롱수중월

해설
추포는 지금의 안휘성 귀지현貴池縣에 있으며 그곳에 추포수라는 강이 흐르는데 위 시는 작가가 추포지역을 노닐면서 본 경물과 감회를 적은 추포가 17수 중의 한 수로 그중에는 우리가 잘 아는 백발삼천장白髮三千丈으로 시작되는 시도 있다.

산중에 은거한 사람과 대작하다

둘이 마주 앉아 대작하니 산꽃도 피었는데
한 잔, 한 잔에 또 한 잔이라
나는 취해 잠들 테니 그대는 가게나
내일 아침 생각나면 거문고 끼고 오시게

산중여유인대작山中與幽人對酌

兩人對酌山花開 양인대작산화개
一杯一杯復一杯 일배일배부일배
我醉欲眠卿且去 아취욕면경차거
明朝有意抱琴來 명조유의포금래

해설
3구의 경卿을 군君으로 한 데도 있다.

옥계원

옥 계단에 내리는 흰 이슬
밤 깊어 비단 버선에 스며들어라
수정 발을 소리 없이 내리고
영롱한 가을 달 바라다보네

옥계원玉階怨

玉階生白露 옥계생백로
夜久侵羅襪 야구침나말
却下水精簾 각하수정렴

玲瓏望秋月 영롱망추월

해설
가을 달밤, 궁녀의 정한情恨을 그렸는데 원대 소사빈蕭士贇은 위 시가 한 글자도 원망을 말하지 않으면서 오히려 유원幽怨의 뜻을 언외言外로 드러냈다고 평하였는데 옥계원이란 제목은 남조 제나라 사조가 처음 사용하였다.

청평조사

구름 같은 옷과 꽃다운 얼굴
봄바람은 난간을 스치고 꽃에 맺힌 이슬 짙게 엉기는데
만약 군옥산 꼭대기서 본 임이 아니라면
필시 달 아래 요대에서 본 임이 틀림없네

청평조사清平調詞

雲想衣裳花想容 운상의상화상용
春風拂檻露華濃 춘풍불함로화농
若非群玉山頭見 약비군옥산두견
會向瑤臺月下逢 회향요대월하봉

해설

위는 시정 술집에서 대취 중인 작가가 당 현종의 부름을 받고 궁에 들어가 양귀비를 노래한 세 수의 시 청평조사 중 그 첫째 시로 군옥산은 산해경에 나오는 전설 속의 산이고 요대는 초사에 나오는 선경으로 그곳 모두에 아름다운 선녀들이 살고 있다 한다.

광릉으로 떠나는 맹호연을 황학루에서 전송하며

옛 벗 황학루 서쪽으로 떠나보내는데
아지랑이 꽃 피는 춘삼월 양주로 내려간다네
외로운 배 먼 그림자 푸른 하늘 끝에서 사라지니
오직 저 하늘까지 흐르는 장강만이 보일 뿐

황학루송맹호연지광릉 黃鶴樓送孟浩然之廣陵

故人西辭黃鶴樓 고인서사황학루
煙花三月下揚州 연화삼월하양주
孤帆遠影碧空盡 고범원영벽공진
唯見長江天際流 유견장강천제류

해설
작가가 무창의 황학루에서 양주로 배를 타고 떠나는 맹호연을 전송하며 지은 시로 광릉은 양주의 또 다른 이름이다.

동석문에서 두보를 보내며

취해 놀다 헤어지길 몇 날 만인가
온 산과 강을 두루 다녔지
언제 다시 석문산에서 만나
황금 술잔에 술을 나누리
가을의 사수강 물결 잔잔하고
바다가 조래산 밝게 비추는 때
서로 다북쑥 날리듯 멀리 헤어지리니
우선 수중의 잔이나 마저 비우고저

노군동석문송두이보魯郡東石門送杜二甫

醉別復幾日 취별부기일
登臨徧池臺 등림편지대
何時石門路 하시석문로
重有金樽開 중유금준개
秋波落泗水 추파락사수
海色明徂徠 해색명조래
飛蓬各自遠 비봉각자원
且盡手中杯 차진수중배

해설

744년 봄 낙양에서 작가가 두보와 처음 만났다 헤어지고 그해 가을 둘이 다시 만날 때는 고적高適도 같이 합류했으며 다음해 세 번째로 연주兗州에서 만나 주로 동몽東蒙, 사수泗水 일대를 다니면서 시와 술을 나누다 석문산에서 헤어져 그 후로 다시는 만나지 못했는데 위는 그때 석문산에서 헤어지면서 지은 시이다.

옹존사 은거를 찾아서

뭇 봉우리 푸른 하늘을 찌를 듯
그곳 소요하며 세월을 잊으신 분
구름 헤치며 옛길 찾아들고
나무 기대어 흐르는 물소리 듣네
꽃 아래 따스한 곳에 푸른 소 누워 있고
소나무 높은 가지엔 흰 학이 잠들었네
이야기 나누다 보니 어느덧 강은 저물고
차가운 안개 길 혼자서 내려오네

심옹존사은거尋雍尊師隱居

群峭碧摩天 군초벽마천
逍遙不紀年 소요불기년
撥雲尋古道 발운심고도
倚樹聽流泉 의수청류천

花暖靑牛臥 화난청우와
松高白鶴眠 송고백학면
語來江色暮 어래강색모
獨自下寒煙 독자하한연

해설
성이 옹씨인 선사가 사는 곳을 찾아가 만난 후 돌아오면서 지은 시로 작가의 시에선 보기 드물게 대구가 정교한데 5구의 청우는 도가에서 선인仙人이 타고 다니는 소를 가리킨다.

술을 드시게

그대는 보지 못했는가
황하의 물이 하늘에서 내려와
바다로 치달린 후 다시는 돌아오지 않는 것을
그대는 보지 못했는가
높은 집에서 맑은 거울을 보며 흰 머리카락을 슬퍼하나니
아침엔 검푸른 실 같더니 서녁엔 흰 눈이 된 것을
인생에서 뜻을 이루면 즐거움을 다해야 하는 법
금 술동이가 빈 채로 달을 대하게 해서는 안 되리
하늘이 나에게 재주를 주었으니 반드시 쓸데가 있을 터
천금의 돈을 흩뿌려 다 써 버려도 다시 돌아오리니

양을 삶고 소를 잡아 잠시 즐기고
모름지기 한 번에 삼백 잔은 마셔야 하리
잠부자와 단구생이여
술을 드시게, 그대들은 멈추지 마시게
그대들에게 노래 한 곡 들려주리니
그대들은 날 위해 귀 기울여 들어주시게
호사스런 음악과 진귀한 음식 귀할 게 없으니
다만 늘 취하기를 바라고 깨기를 바라지 않네
예로부터 성현들은 모두 적막했지만
오직 술 마신 자들만이 그 이름을 남겼네
진왕 조식은 옛날 평락관의 잔치에서
만 말의 술을 마음껏 즐겼으니
주인이 어찌 돈이 모자란다고 말하겠는가
응당 술을 사와 그대들과 마주하고 마셔야지
다섯 꽃무늬의 명마와
천금의 갖옷
아이 불러 가지고 나가서 좋은 술로 바꿔 오게 하여
그대들과 함께 만고의 근심을 녹여 보리라

장진주將進酒

君不見 군불견
黃河之水天上來 황하지수천상래

奔流到海不復回 분류도해불부회
君不見 군불견
高堂明鏡悲白髮 고당명경비백발
朝如靑絲暮成雪 조여청사모성설
人生得意須盡歡 인생득의수진환
莫使金樽空對月 막사금준공대월
天生我材必有用 천생아재필유용
千金散盡還復來 천금산진환부래
烹羊宰牛且爲樂 팽양재우차위락
會須一飮三百杯 회수일음삼백배
岑夫子 丹丘生 잠부자 단구생
將進酒 君莫停 장진주 군막정
與君歌一曲 여군가일곡
請君爲我傾耳聽 청군위아경이청
鐘鼓饌玉不足貴 종고찬옥부족귀
但願長醉不願醒 단원장취불원성
古來聖賢皆寂寞 고래성현개적막
惟有飮者留其名 유유음자류기명
陳王昔時宴平樂 진왕석시연평락
斗酒十千恣歡謔 두주십천자환학
主人何爲言少錢 주인하위언소전
徑須沽取對君酌 경수고취대군작
五花馬 오화마

千金裘 천금구
呼兒將出換美酒 호아장출환미주
與爾同銷萬古愁 여이동소만고수

해설
작가가 친구인 잠훈岑勳과 원단구元丹丘에게 술을 권하며 다시 돌이킬 수 없는 시간 속에서 늙어 가는 것을 한탄하지 말고 이 좋은 때를 맞이하여 모름지기 술을 마시며 신나게 놀 것을 노래한 시로 작가의 호방한 기세가 전편에 드러나 있는데 6구의 朝如靑絲暮成雪(조여청사모성설)은 살 같은 세월에 쉬 늙어 감을 표현한 만고의 명구요 18구의 但願長醉不願醒(단원장취불원성)은 천하 주당들의 로망이다.

달 아래 홀로 술을 마시다

꽃 사이에 술 한 병 놓고
친한 이 없어 홀로 마시다가
잔을 들어 밝은 달을 청해 오고
그림자를 마주하니 세 사람이 되었네
달은 본래 술 마실 줄 모르고
그림자는 그저 나를 따라할 뿐이지만
잠시 달과 그림자와 어울려
모름지기 이 봄에 즐겨야 하리
내가 노래하면 달은 서성이고

내가 춤추면 그림자는 어지러이 움직이는데
깨어 있을 때는 함께 즐기며 기뻐하지만
취한 후에는 각각 흩어지니
무정한 교류 영원히 맺고자
아득한 은하수 너머 서로 기약하네

월하독작月下獨酌

花間一壺酒 화간일호주
獨酌無相親 독작무상친
擧杯邀明月 거배요명월
對影成三人 대영성삼인
月旣不解飮 월기불해음
影徒隨我身 영도수아신
暫伴月將影 잠반월장영
行樂須及春 행락수급춘
我歌月徘徊 아가월배회
我舞影零亂 아무영영란
醒時同交歡 성시동교환
醉後各分散 취후각분산
永結無情遊 영결무정유
相期邈雲漢 상기막운한

해설

작가의 월하독작 4수 중 첫째 수로 13구의 무정유無情遊는 장자 덕충부에서 혜자와의 사이 대화에 나오는 장자의 말로 "내가 말하는 무정이란 것은 사람이 좋아하고 싫어하는 것으로써 자신의 몸을 안으로 상하게 하지 않는 것을 말하니, 항상 자연의 이치를 따르면서 삶을 증가시키지 않는다"라고 하였는데, 달과 그림자는 자연 그대로의 모습을 가지고 있어 세속의 욕망을 초월한 사귐을 할 수 있다는 뜻이다. (박일봉 역저, 『장자』「내편」, 육문사 참조)

술잔 잡고 달에 묻다

푸른 하늘에 언제부터 달이 있었는지
잠시 술잔 놓고 한번 물어보노라
사람들은 달에 올라가지 못하지만
달은 사람들을 어디든 따라간다네
밝기가 허공에 뜬 거울이 단궐을 비친 것 같아
밤안개 사라지자 맑은 빛을 내뿜네
밤이 되어 바다 위로 떠오르는 걸 볼 뿐
새벽녘 구름 사이로 사라지는 것 어찌 알리
흰 토끼는 사철 불사약을 찧고
항아는 홀로 살며 누구와 이웃할까
지금 사람 옛 달 못 보았으나
지금 달 옛사람 비추었으리

옛사람 지금 사람 모두 흐르는 물과 같으나
달을 보는 그 마음은 모두 같으리
오직 바라는 것은 술 마시고 노래 부를 때
달빛이 오래 금 술통을 비추는 것이라네

파주문월 把酒問月

青天有月來幾時 청천유월래기시
我今停盃一問之 아금정배일문지
人攀明月不可得 인반명월불가득
月行卻與人相隨 월행각여인상수
皎如飛鏡臨丹闕 교여비경임단궐
綠煙滅盡淸輝發 녹연멸진청휘발
但見宵從海上來 단견소종해상래
寧知曉向雲間沒 영지효향운간몰
白兎搗藥秋復春 백토도약추부춘
姮娥孤栖與誰鄰 항아고서여수린
今人不見古時月 금인불견고시월
今月曾經照古人 금월증경조고인
古人今人若流水 고인금인약류수
共看明月皆如此 공간명월개여차
惟願當歌對酒時 유원당가대주시
月光長照金樽裏 월광장조금준리

해설

제목 아래에 친구인 가순이 나에게 물어보라고 했다(故人賈淳令予問之, 고인가순영여문지)는 보충 글이 있는데 그 친구 믿음이 대단했던 모양이다. 왜냐면 작가가 달과 통할 수 있다고 생각했거나 아니라도 물음과 자답을 통해 필시 빼어난 작품이 나오리라 예상을 했을 것이기에.

2. 杜甫의 詩

강산에 봄이 오니

해 길어진 봄날의 아름다운 강과 산
바람이 살랑 불자 날아오는 꽃향기
진흙이 녹녹하니 제비가 바삐 날고
모래가 따뜻하니 원앙이 조네

절구絶句

遲日江山麗 지일강산려
春風花草香 춘풍화초향
泥融飛燕子 니융비연자
沙暖睡鴛鴦 사난수원앙

해설

작가는 절구 2,3,4,6수 등 연작시를 많이 남겼는데 위 시도 764년 봄 성도에서 지은 절구 2수 중 그 첫째 시인데 그 둘째 시는 너무나도 유명한 강벽조유백江碧鳥逾白으로 시작되는 시이다.

절구

한 쌍의 꾀꼬리 푸른 버들에서 울고
한 줄기 백로는 푸른 하늘로 오르네
창은 서령西嶺 천년의 눈을 머금고
문엔 동오東吳 만 리의 배가 정박해 있네

절구絶句

兩箇黃鸝鳴翠柳 양개황리명취류
一行白鷺上青天 일항백로상청천
牕含西嶺千秋雪 창함서령천추설
門泊東吳萬里船 문박동오만리선

해설
3, 4구의 대가 절묘하다.

강가 홀로 걸으며 꽃을 찾다

강 깊고 대숲 고요한 곳에 두세 집
부질없이 붉은 꽃이 흰 꽃을 비추네
봄빛에 보답하는 방법 알고 있으니
마땅히 좋은 술로 인생을 보내야 하지

강반독보심화江畔獨步尋花

江深竹靜兩三家 강심죽정양삼가
多事紅花映白花 다사홍화영백화
報答春光知有處 보답춘광지유처
應須美酒送生涯 응수미주송생애

해설
같은 제목의 7수의 연작시 중 셋째 시이다.

멋대로 한 수 짓다

강에 비친 달은 사람과 겨우 몇 자 떨어졌고
바람에 흔들리는 등불 밤을 밝히니 삼경이 가까워 오네
모랫가 자는 백로들 옹기 모여 고요한데
배 뒤편 뛰는 물고기 푸드덕 소리를 낸다

만성일수 漫成一首

江月去人只數尺 강월거인지수척
風燈照夜欲三更 풍등조야욕삼경
沙頭宿鷺聯拳靜 사두숙로연권정
船尾跳魚撥剌鳴 선미도어발랄명

해설
위는 배 안에서 본 장강의 밤 풍경을 노래한 시로 두보는 생의 마지막 시기를 배로 장강을 떠돌아다니다 배에서 사망하였는데 이 시도 아마 그 무렵 지어진 것이 아닐까 여겨진다.

강남에서 이구년을 만나다

기왕의 저택에서 늘 만났었고
최척의 집에선 몇 번이나 노래 들었던가
바로 지금 강남은 한창 풍경이 좋은데
꽃잎 떨어지는 시절에 다시 그대를 만났구려

강남봉이구년 江南逢李龜年

岐王宅裏尋常見 기왕택리심상견

崔九堂前幾度聞 최구당전기도문
正是江南好風景 정시강남호풍경
落花時節又逢君 낙화시절우봉군

해설
작가가 죽던 해인 770년에 현종의 총애를 받던 왕년의 명가수 이구년을 강남에서 만나 노래한 시다.
4구의 낙화시절이란 계절적으로는 봄이 가는 시절이요 두 사람의 인생이 저무는 황혼녘이며 당나라의 국운이 쇠퇴해 가는 시기를 상징적으로 표현한 멋진 시어라 생각되는데 시 가운데 기왕은 현종의 동생 이범李範이며 최구는 전중감殿中監 최척崔滌을 가리킨다.

굽이져 흐르는 강

한 조각 꽃잎 날려도 봄의 정취 줄어드는데
바람에 수만 조각 휘날리니 진정 사람을 서글프게 하네
잠시 시들어 가는 꽃들 보려 하나니
너무 많은 상심에 술 마신다 싫어하지 마세
강가 작은 집에 물총새 둥지 틀고
궁원 옆 높은 무덤가엔 기린 석상 누워 있네
사물의 이치 자세히 살피며 모름지기 즐겨야 할지니
어찌 헛된 명예가 이 몸 얽매이게 할 것인가

곡강曲江

一片花飛減卻春 일편화비감각춘
風飄萬點正愁人 풍표만점정수인
且看欲盡花經眼 차간욕진화경안
莫厭傷多酒入唇 막염상다주입순
江上小堂巢翡翠 강상소당소비취
苑邊高塚臥麒麟 원변고총와기린
細推物理須行樂 세추물리수행락
何用浮名絆此身 하용부명반차신

해설
위는 758년에 지은 2수의 연작시 가운데 제1수로 그 2수가 그 유명한 인생칠십고래희人生七十古來稀란 구절이 나오는 시인데 6구의 원변은 곡강 서남쪽에 있는 부용원芙蓉苑을 가리킨다.

강마을

맑은 강물 한 구비 마을을 끼고 흐르니
긴 여름 강마을 일마다 그윽하구나
가매오매 나는 들보 위의 제비요
서로 친해 짝지어 노는 물가의 갈매기라

늙은 아낙은 종이에 바둑판을 그리고
어린 아이는 침을 두드려 낚시 바늘 만드네
병치레 많은 이 몸엔 오직 약뿐이니
미천함에 이것 외 더 이상 무엇을 구하리오

강촌江村

淸江一曲抱村流 청강일곡포촌류
長夏江村事事幽 장하강촌사사유
自去自來梁上燕 자거자래양상연
相親相近水中鷗 상친상근수중구
老妻畵紙爲棋局 노처화지위기국
稚子敲針作釣鉤 치자고침작조구
多病所須唯藥物 다병소수유약물
微軀此外更何求 미구차외갱하구

해설
안사安史의 난리 가운데서도 성도에 가까운 완화계에 초당을 짓고 정착하여 여러 사람들의 도움으로 잠시 평온을 되찾은 두보의 안도감이 엿보이는 시다.

나그네의 밤 회포를 적다

어린 풀 언덕, 실바람 불어오고
높은 돛단배, 외로운 밤 깃드는 때
별이 드리운 평야는 드넓게 펼쳐 있고
달이 뛰노는 큰 강은 도도히 흐른다
이름을 어떻게 글재주로 드러내랴
벼슬도 늙고 병들어 그만두어야 하는 것을
떠돌이 신세 무엇과 같을까
천지간 한 마리 갈매기라네

여야서회旅夜書懷

細草微風岸 세초미풍안
危檣獨夜舟 위장독야주
星垂平野闊 성수평야활
月湧大江流 월용대강류
名豈文章著 명기문장저
官應老病休 관응노병휴
飄飄何所似 표표하소사
天地一沙鷗 천지일사구

해설

위는 작가가 765년 성도에서의 초당 생활을 접고 장강을 따라 충주를 거쳐 운안으로 가던 도중 지은 시로 1,2구에서 산들바람 부는 언덕 위에 뿌리내린 가는 풀들과 흐르는 강물의 한가운데 그것도 위태롭게 흔들리는 높은 돛대 아래 고립되어 있는 작가의 처지가 대비된다.(이은상 저, 『시와 그림으로 읽는 중국 역사』, 시공사 참조)

백제성의 누각

강은 차가운 산 아래 서각을 비껴 흐르고
성 높은 곳엔 외딴 변경의 누각
푸른 병풍 같은 절벽은 저녁놀에 대하기 좋고
백제성 골짝은 깊이 들어 노닐기 좋아라
기러기는 울어 예며 바삐 바삐 날아가고
갈매기는 내려오질 않고 가볍게 가볍게 떠 있네
이릉의 봄빛 바야흐로 무르익어 가는데
점점 조각배 띄우고 싶은 마음 일어라

백제성루白帝城樓

江度寒山閣 강도한산각
城高絶塞樓 성고절새루
翠屛宜晚對 취병의만대
白谷會深遊 백곡회심유
急急能鳴雁 급급능명안

輕輕不下鷗 경경불하구
夷陵春色起 이릉춘색기
漸擬放扁舟 점의방편주

해설
767년 겨울 기주에서 지은 시로 거듭 찾은 백제성 누각에서의 풍광을 보며 기주 땅을 떠나고 싶다는 뜻을 나타내었다.

달밤

오늘밤 부주의 달을
아내는 홀로 쳐다보리라
멀리 떨어진 불쌍한 아이들
장안의 아비를 기억 못하리
밤안개에 머리 쪽 젖고
달빛에 옥 같은 팔 차가우련만
어느 때나 창문 휘장에 기대어
서로 달빛 받아 눈물 말릴까?

월야月夜

今夜鄜州月 금야부주월

閨中只獨看 규중지독간
遙憐小兒女 요련소아녀
未解憶長安 미해억장안
香霧雲鬟濕 향무운환습
淸輝玉臂寒 청휘옥비한
何時倚虛幌 하시의허황
雙照淚痕乾 쌍조루흔건

해설
위는 작가가 756년(45세) 여름 가족을 부주로 피난시킨 후 숙종이 즉위했다는 소식을 듣고 영무靈武로 가던 도중 안녹산의 반군에 잡혀 장안으로 끌려가 그해 가을 장안에서 부주에 있는 가족을 생각하며 지은 시인데 특히 부인에 대한 애틋한 사랑이 잘 드러나 있다.

태산을 바라보고

태산은 어찌 그리 웅장하나
제와 노에 걸쳐 끝없이 뻗어 있네
조화로 모여진 신묘한 위풍
조석朝夕을 가르는 태산의 남북
일어나는 뭉게구름 보고 가슴 설레며
돌아드는 새를 보며 크게 눈을 떠 보네
반드시 정상에 높이 올라

주변의 작은 산들 굽어보리라

망악望嶽

岱宗夫如何　대종부여하
齊魯靑未了　제노청미료
造化鍾神秀　조화종신수
陰陽割昏曉　음양할혼효
盪胸生曾雲　탕흉생증운
決眥入歸鳥　결자입귀조
會當凌絶頂　회당능절정
一覽衆山小　일람중산소

해설
위는 작가가 제齊, 조趙, 노魯 즉 산동성과 하북성 일대를 주유하다가 태산을 바라보고 지은 시로 현존하는 두보의 시 중 가장 오래된 것으로 24세에 과거에 낙방한 적이 있는 두보가 시로써 정상에 올라 뭇사람들을 내려보겠다는 비장한 결의가 엿보인다.
1구의 내종은 태산泰山인데 중국의 다섯 명산, 오악 중에 으뜸이라 종宗이라 했고 5구의 증曾은 여기서는 포개다 라는 뜻의 층層과 같은 의미이고 어떤 곳에서는 층層으로 표시된 데도 있다.

촉나라 승상

승상의 사당 어디서 찾을까
금관성 밖 잣나무 울창한 곳이지
섬돌에 비친 파란 풀들 절로 봄빛을 띠고
잎 사이 노란 꾀꼬리는 부질없이 고운 노래 부르네
삼고초려 마다않은 것은 천하를 위한 책략 때문
두 대에 걸쳐 충성을 다한 것은 늙은 신하의 마음
출정하여 이기지 못하고 몸이 먼저 죽었으니
길이 영웅들로 하여금 눈물로 옷깃 적시게 하네

촉상蜀相

丞相祠堂何處尋 승상사당하처심
錦官城外柏森森 금관성외백삼삼
映階碧草自春色 영계벽초자춘색
隔葉黃鸝空好音 격엽황리공호음
三顧頻煩天下計 삼고빈번천하계
兩朝開濟老臣心 양조개제노신심
出師未捷身先死 출사미첩신선사
長使英雄淚滿襟 장사영웅루만금

해설
촉상은 제갈량으로 첫째 구의 사당은 사천성 성도에 있는 무후사武侯祠를 말한다.

밤에 내린 반가운 봄비

좋은 비 시절을 알아
봄이 되니 만물을 싹 틔우네
바람 따라 몰래 밤에 들어와
만물을 적시는데 소리조차 없네
들길엔 구름이 온통 어두운데
강배의 불빛만 홀로 빛나네
새벽에 붉게 젖은 곳 바라보면
금관성엔 꽃이 활짝 피었겠지

춘야희우春夜喜雨

好雨知時節 호우지시절
當春乃發生 당춘내발생
隨風潛入夜 수풍잠입야
潤物細無聲 윤물세무성
野徑雲俱黑 야경운구흑
江船火獨明 강선화독명
曉看紅濕處 효간홍습처
花重錦官城 화중금관성

해설

위는 작가가 성도의 초당에서 지낼 때 지난해 겨울부터 계속 이어온 가뭄 끝에 밤에 내린 봄비를 보고 기쁜 마음에 지은 시다.

봄날 강촌

농사일이 마을마다 분주한 것은
봄물이 둑마다 깊기 때문
천지간 만 리를 보아온 눈에
때에 따른 변화 백 년을 겪어 온 마음이여
초당草堂은 도리어 시로 읊을 만하며
도원桃源도 스스로 찾을 수 있을 것 같은데
어려운 시절 사는 이치에 어두워
이리저리 떠돌다가 여기까지 이르렀지

춘일강촌春日江村

農務邨邨急 농무촌촌급
春流岸岸深 춘류안안심
乾坤萬里眼 건곤만리안
時序百年心 시서백년심
茅屋還堪賦 모옥환감부
桃源自可尋 도원자가심

艱難昧生理 간난매생리
飄泊到如今 표박도여금

해설
위는 765년 봄 작가가 초당에 머물고 있을 때 봄날 강촌의 모습과 여기에 기대어 사는 자신의 삶을 묘사한 시로 5수의 연작시 가운데 제1수인데 6구의 도원은 도연명의 도화원기桃花源記에 묘사된 이상향을 말한다.

높은 곳에 오르다

바람 급하고 하늘 높으며 원숭이 울음 애절한데
물가는 맑고 모래는 희며 새들은 날아도네
끝없이 펼쳐 있는 나뭇잎 쓸쓸히 떨어지고
다함없는 장강은 넘실넘실 흘러온다
만 리에서 가을을 서러워하며 늘 나그네 신세인데
한평생 병 많은 몸이 홀로 대에 오른다
괴로움과 어려움 한이 되어 흰 귀밑털만 늘어나는데
쇠약한 몸이라 탁주 잔 드는 일마저 끊었다네

등고登高

風急天高猿嘯哀 풍급천고원소애

渚淸沙白鳥飛廻　저청사백조비회
無邊落木蕭蕭下　무변낙목소소하
不盡長江滾滾來　부진장강곤곤래
萬里悲秋常作客　만리비추상작객
百年多病獨登臺　백년다병독등대
艱難苦恨繁霜鬢　간난고한번상빈
潦倒新停濁酒盃　요도신정탁주배

해설

767년 9월 9일 중양절에 기주에서 지은 연작시 가운데 하나일 가능성이 있는데 3,4구의 대가 환상적이며 마지막구와 관련해 두보는 당시 폐병 때문에 술을 끊었다고 한다.

제3장 唐代以後詩

제1절 宋代詩

산중 정원의 작은 매화

모든 꽃 시들어지는데 홀로 찬란히 아름다워
작은 정원의 고아한 정취 온통 차지했구나
성긴 그림자 비낀 물은 맑고도 얕은데
그윽한 향기 떠다니니 달 뜬 황혼녘이네
흰 새들도 내려오다 먼저 눈길을 보내니
나비도 만약 알았다면 응당 넋이 나갔으리
다행히도 나직이 시 읊으며 친히 지낼 수 있으니
악기나 금 술통은 소용이 없네

산원소매山園小梅 임포林逋

衆芳搖落獨喧姸 중방요락독훤연
占盡風情向小園 점진풍정향소원
疏影橫斜水淸淺 소영횡사수청천
暗香浮動月黃昏 암향부동월황혼
霜禽欲下先偸眼 상금욕하선투안
粉蝶如知合斷魂 분접여지합단혼

幸有微吟可相狎 행유미음가상압
不須檀板共金尊 불수단판공금준

해설
작가는 매처학자梅妻鶴子란 말이 생길 만큼 매화를 사랑한 시인으로 위는 매화를 노래한 시 중 으뜸으로 꼽는데 이후로 3,4구의 소영疏影과 암향暗香이 매화를 뜻하는 말로 알려지게 되었는데 마지막 구의 尊은 높다, 우러러보다란 뜻일 때는 존으로, 술통이란 뜻일 때는 준으로 독음한다.

노산의 산길을 가며

자연을 사랑하는 내 마음과 딱 맞네
높고 낮은 수많은 산들이
아름다운 봉우리는 곳에 따라 바뀌고
그윽한 오솔길은 홀로 가다 헤매겠네
서리 내린 나무 위로 곰이 기어오르고
고요한 숲에선 사슴이 개울물 마신다
인가는 어디쯤 있을까
구름 저편으로 닭 울음소리 들리네

노산산행魯山山行 매요신梅堯臣

適與野情愜 적여야정협
千山高復低 천산고부저
好峰隨處改 호봉수처개
幽徑獨行迷 유경독행미
霜落熊升樹 상락웅승수
林空鹿飮溪 임공록음계
人家在何許 인가재하허
雲外一聲鷄 운외일성계

해설
작가는 뜻이 공허하고 말이 난삽한 서곤시체西崑詩體를 반대해 평담을 주장했으며 구양수, 소순흠 등과 함께 시가혁신을 주도해 이후 송시의 형성에 큰 영향을 끼쳤다.

가을의 회포

계절의 풍물 어찌 좋지 않으련만
가을의 느낌 왜 이리 암담한가
가을바람 불어오니 술집 깃발 나부끼고
가는 비 내리는 속에 국화는 피어 있네
세사에 대한 생각으로 양 귀밑머리 희어진 게 슬프고
부끄러움 안은 채 많은 봉급만 축내어 왔네

어느 날에나 조그만 수레 몰고
영수潁水 동쪽 밭으로 돌아갈 수 있을까

추회秋懷 구양수歐陽脩

節物豈不好 절물기불호
秋懷何黯然 추회하암연
西風酒旗市 서풍주기시
細雨菊花天 세우국화천
感事悲雙鬢 감사비쌍빈
包羞食萬錢 포수식만전
鹿車何日駕 녹거하일가
歸去潁東田 귀거영동전

해설
작가는 북송의 시문혁신을 주도한 문단의 영수로 신종神宗이 즉위해 왕안석의 신법新法을 시행하자 벼슬을 그만두고 영수가의 서호 근처에 은거해 육일거사六一居士라 호하며 지냈는데 위는 작가가 벼슬 중 시국을 염려하면서 은퇴할 뜻을 밝힌 시다.

맑은 밤에 읊다

달은 하늘 한가운데 있고

바람 불어 수면에 잔물결 인다
이러한 상쾌한 흥치를
세상에 아는 사람 적으리

청야음淸夜吟 소옹邵雍

月到天心處 월도천심처
風來水面時 풍래수면시
一般淸意味 일반청의미
料得少人知 요득소인지

해설

작가는 도학자로 호가 안락선생安樂先生 또는 이천옹伊川翁이며 시호가 강절康節인데 위 시의 제하에 도道와 중화中和의 묘용妙用, 그것을 터득한 즐거움, 그 맛을 아는 사람이 적음을 말하고 있다고 주註 되어 있다.

과주에 배를 대고

과주에서 경구까진 강 하나 사이
몇 겹 산 저 너머엔 내 고향 종산
춘풍은 또 파릇파릇 강둑을 물들이는데
명월은 언제나 돌아오는 나를 비추려나

박선과주泊船瓜洲 왕안석王安石

京口瓜洲一水間 경구과주일수간
鍾山只隔數重山 종산지격수중산
春風又綠江南岸 춘풍우록강남안
明月何時照我還 명월하시조아환

해설
위는 작가가 신법을 무리하게 시행하다 실패하여 희령 7년(1074년) 4월 재상직에서 물러나 강녕江寧(지금의 강소성 남경 일대) 태수로 밀려났다 이듬해 2월 다시 재상에 임명돼 개봉으로 들어가는 길에 과주에 이르러 잠시 배를 대고 젊었을 때 오래 살아왔고 최근까지 태수로 지냈으며 부모의 산소가 있는 종산이 위치한 강녕 쪽을 바라보면서 지은 시다.

면지에서의 옛날 일을 회고한 자유의 시에 화답하여

인생의 모든 면이 무엇과 같은지 아는가
꼭 날아간 기러기가 눈이나 진흙을 밟아 놓은 것 같지
진흙 위에 우연히 발자국 남겼다 하더라도
기러기 날아간 뒤 어찌 동쪽으로 갔는지 서쪽으로 갔는지 알겠는가
옛 늙은 중은 이미 죽어 새 탑이 생겼는데

허물어진 벽에는 옛날 적은 시 찾아볼 수 없구나
지난날 고생했던 일 아직도 기억하고 있는가
길은 멀고 사람은 지쳤는데 절름거리는 나귀는 울부짖고 있었지

화자유면지회구和子由澠池懷舊 소식蘇軾

人生到處知何似 인생도처지하사
應似飛鴻踏雪泥 응사비홍답설니
泥上偶然留指爪 니상우연유지조
鴻飛那復計東西 홍비나부계동서
老僧已死成新塔 노승이사성신탑
壞壁無由見舊題 괴벽무유견구제
往日崎嶇還記否 왕일기구환기부
路長人困蹇驢嘶 노장인곤건려시

해설
위는 많은 철리를 담고 있는 시로 옛날 동파기 아우인 자유(소철蘇轍의 자임)와 함께 과거를 보러 가다 면지현의 절에서 하룻밤을 묵으면서 늙은 중이 거처하는 방의 벽에 시를 써 놓은 일이 있었는데 그때 타고 가던 말이 이릉二陵에서 죽어 노새를 타고 면지까지 고생하면서 갔던 일을 회상하며 지은 시다.

책을 보다가

그 첫째
조그마한 사각의 연못은 깨끗한 거울
푸른 하늘, 흰 구름이 함께 떠 있네
연못이 어찌 이리 맑을 수 있는가
끊임없이 새 물이 흘러들기 때문이네

그 둘째
어젯밤에 강가에 봄비 내리더니
군함만한 큰 배가 깃털만큼 가볍네
아무리 밀어 봐도 꼼짝 않던 저 배가
물이 차니 저리도 자유로이 떠다니네

관서유감觀書有感 주희朱熹

其一
半畝方塘一鑒開 반무방당일감개
天光雲影共徘徊 천광운영공배회
問渠那得淸如許 문거나득청여허
爲有源頭活水來 위유원두활수래

其二

昨夜江邊春水生 작야강변춘수생
艨艟巨艦一毛輕 몽동거함일모경
向來枉費推移力 향래왕비추이력
此日中流自在行 차일중류자재행

해설

작가는 성리학의 집대성자로 유명한데 앞의 시는 연못이 꾸준히 맑은 물을 받아들여야만 늘 깨끗한 상태를 유지할 수 있듯이 사람도 독서를 통하여 끊임없이 새로운 지식을 습득해야만 사회의 변화에 대처할 수 있다는 내용일 것이고 뒤의 시는 강에 물이 없으면 아무리 애를 써도 움직이지 않던 큰 배가 강물이 불어나면 저절로 물 위에 둥둥 떠다니는 것처럼 지식이 없으면 좀처럼 해결되지 않는 어려운 문제도 지식이 축적되면 간단히 해결될 수 있다는 내용의 시다.(류종목 지음, 『한시이야기』, 명문당 참조)
앞의 시의 方塘(방당, 모난 연못)은 책을, 鑑(감, 거울)은 책 안에 담겨 있는 진리를 상징한다고도 한다.(김학주 지음 변영우 그림, 『만화로 배우는 한시』, 동아출판사 참조)

제2절 遼, 金, 元代詩

어촌시화도

강촌의 맑은 지경이 모두 화본인데

그림 속에 전하는 시어가 공교롭네
어부는 스스로 깨었다가 다시 스스로 취하며
자신이 그림 속에 있는 줄을 모르네

어촌시화도漁村詩話圖 당회영党懷英

江村淸境皆畵本 강촌청경개화본
畵裏更傳詩語工 화리갱전시어공
漁父自醒還自醉 어부자성환자취
不知身在畵圖中 부지신재화도중

해설
요(907-1125), 금(1115-1234), 원(1206-1368)대 시는 그 시대가 송과 겹쳐 있어 작가의 시대 구분이 모호한 점이 있는데 위 시도 시대 구분을 금나라로 했다는 것이지 작가가 금나라 사람이라는 것은 아니다. (아래에도 동일함)

부부가 주고받은 어부사

남편의 노래

아득한 안개 물결 속 조각배 하나
가을바람에 낙엽 지니 오호엔 가을이로세

갈매기 해오라기와 약속하고, 왕후 됨 오시傲視하는데
그대가 좋아하는 농어는 낚이지 않는구려

아내의 노래

남쪽 오나라 땅 사천 리 길 바라보니
삽계 물가에 돌아가 쉴 날 언제런가
명예와 이익, 하늘에 부치고
웃으며 낚싯대 잡고 그림 같은 배에 오른다

어부사漁父辭

조맹부趙孟頫

渺渺煙波一葉舟 묘묘연파일엽주
西風落木五湖秋 서풍락목오호추
盟鷗鷺　傲王侯 맹구로　오왕후
管甚鱸魚不上鉤 관심노어불상구

관중희管仲姬

南望吳興路四千 남망오흥로사천
幾時回去霅水邊 기시회거삽수변

名與利 付之天 명여리 부지천
笑把漁竿上畵船 소파어간상화선

해설
조맹부는 송 태조의 11대손으로 원의 대표적 화가, 서예가, 문인이고 부인 관중희 역시 그림을 잘 그리고 시도 잘 지었다 하는데 위 작품은 부인이 어부도를 보고 지은 시에 남편이 화답한 시다.
첫째 시의 오傲는 내리깔본다는 뜻이고 노어와 관련해서는 진나라 때 장한張翰이 낙양에서 벼슬을 하던 중 어느 날 갑자기 가을바람이 일어나는 것을 보고는 고향인 동오의 순채국과 농어회가 생각나 관직을 버리고 고향으로 돌아갔다는 고사가 있으며 둘째 시의 삽수는 삽계霅溪로 조선釣仙 장지화張志和가 배를 집 삼아 낚시하며 노닐던 곳이다.

강가에서

맑은 강가를 마구 돌아다니며
슬픈 노래로 세월 저물어 감을 애석해하네
누가 해를 돌릴 수 있는가
내 하늘에 묻고자 하네
천지엔 유민이 늙어 가고
산하엔 패업이 공허하네
맑은 시름을 붙일 곳이 없어서
술잔 속에 말아서 넣네

강상江上 진심陳深

放迹淸江上 방적청강상
悲歌惜歲窮 비가석세궁
孰能回白日 숙능회백일
我欲問蒼穹 아욕문창궁
天地遺民老 천지유민로
山河霸業空 산하패업공
淸愁無着處 청수무착처
卷入酒盃中 권입주배중

해설
작가는 송나라가 망한 후 출사를 포기하고 저술에만 힘을 쏟았고 조맹부와 친했는데 5, 6구에서 당시의 시대 상황이 느껴진다.

귀향을 생각하다

오랜 타향살이로 귀향을 생각하니 망연한데
솔숲 속 떠풀 지붕에 여라를 끌어 놓았네
복사꽃 오얏꽃 핀 봄바람 속의 석 잔 술인데
향초와 부들에 밤비 내리는 침상 하나 있는 배이네
기러기 자취를 우연히 눈 내린 물가에 남겼는데

학의 마음은 원래 지초 밭에 있었지
타향은 고향집의 즐거움만 못하나니
푸른 숲에선 해마다 두견새가 우네

회귀懷歸 예찬倪瓚

久客懷歸思惘然 구객회귀사망연
松間茅屋女蘿牽 송간모옥여라견
三杯桃李春風酒 삼배도리춘풍주
一榻菰蒲夜雨船 일탑고포야우선
鴻迹偶曾留雪渚 홍적우증류설저
鶴情原只在芝田 학정원지재지전
他鄉未若還家樂 타향미약환가락
綠樹年年叫杜鵑 녹수년년규두견

해설
작가의 선대는 오중吳中 제일의 갑부였는데 지정至正 15년에 재물을 모두 팔아 그 돈을 친척들에게 나누어 주고 강호를 떠돌다 원나라가 망한 후 7년 만에 고향으로 돌아왔는데 2구의 여라는 덩굴 식물이고 5구는 소식의 화자유면지회구和子由澠池懷舊 시 내용을 전고로 사용했다.

제3절 明代詩

가을에 바라보다

서리 맞은 부용꽃 먼 물 섬에 떨어지고
기러기 줄지어 처음 지나가자 나그네 누대에 올랐네
황량한 연기의 광활한 평야 아득한 곳
시야 멀리 강남 모두가 가을빛이네

추망秋望 고계高啓

霜後芙蓉落遠洲 상후부용락원주
雁行初過客登樓 안항초과객등루
荒煙平楚蒼茫處 황연평초창망처
極目江南總是秋 극목강남총시추

해설

작가는 원나라 말에 오송吳淞 청구靑丘에 은거하여 호를 청구자靑丘子라고도 했는데 명나라 제일의 시인으로 이름이 났다.

시골집의 복사꽃

들 물이 감도는 돌길 비껴 있고

사립문 쑥대문의 두세 집 있어라
낮은 담은 봄기운을 막을 줄 모르고
붉은 복숭아 반 그루의 꽃을 드러냈네

촌사도화村舍桃花 우겸于謙

野水縈紆石徑斜 야수영우석경사
篳門蓬戶兩三家 필문봉호양삼가
短牆不解遮春意 단장불해차춘의
露出緋桃半樹花 노출비도반수화

해설
2구의 필문봉호는 가난한 집을 말한다.

새 봄날

아침에 매화 한 가지 피어나니
화창한 봄기운이 띠집에도 이르렀네
꽃이 있고 술이 있고 시가 있으니
곧 서생이 부귀한 때이네

신춘일新春日 축윤명祝允明

拂旦梅花發一枝 불단매화발일지
融融春氣到茅茨 융융춘기도모자
有花有酒有吟詠 유화유주유음영
便是書生富貴時 편시서생부귀시

교외로 나가다

높은 밭은 누대 사다리 같고
평야의 밭은 바둑판 같네
백로가 갑자기 날아와서
못자리의 초록을 점으로 깨뜨리네

출교出郊 양신楊愼

高田如樓梯 고전여루제
平田如棋局 평전여기국
白鷺忽飛來 백로홀비래
點破秧針綠 점파앙침록

해설
위 시취와 비슷한 송 범성대의 시도 같이 소개한다.

모내기

빽빽한 모판에서 듬성듬성 옮겨 심으니 녹색 융단을 깔아 놓은 듯
줄 사이 맑고 옅은 물 찰랑찰랑 비단결 무늬 이루었네
뉘 알랴 가늘고 푸른 풀잎
그 속에 풍년 격양가 소리 있음을

삽앙揷秧 범성대范成大

種密移疏綠毯平 종밀이소녹담평
行間淸淺縠紋生 항간청천곡문생
誰知細細靑靑草 수지세세청청초
中有豊年擊壤聲 중유풍년격양성

이강을 뱃길로 가다

계수 노의 경쾌한 배로 월관으로 내려가니
누가 영외의 나그네길이 어렵다고 했던가
베개 높이고 도리어 이강의 뱃길을 사랑하나니
베개 아래엔 파도 소리 있고 베개 위엔 산이 있네

이강주행漓江舟行 유안기兪安期

桂楫輕舟下粤關 계즙경주하월관
誰言嶺外客行難 수언영외객행난
高枕翻愛漓江路 고침번애이강로
枕底濤聲枕上山 침저도성침상산

해설
제목의 이강은 화남華南 광서廣西 장족자치구동부莊族自治區東部에 있는 주강珠江의 수계에 속하며 요즘 계림관광의 유람코스로 유명한데 1구의 월粤은 양광兩廣 지역을, 2구의 영외는 영남嶺南을 가리킨다.

제4절 淸代詩

정위

만사는 공평치 못한 것
너는 어이해 헛되이 스스로 고생하는가
길이 한 치 정도의 몸을 가지고
나무 물어 나르는 일 끊임없이 하는구나
내 소원은 동해를 메우는 것
몸이 바다에 빠진다 해도 마음은 바뀌지 않으리

큰 바다가 메워지는 날 오지 않는다면
내 뜻도 다할 때 없으리라
아아 그대는 보지 못했는가
서산의 나무 물어 나르는 여러 새들 많지만
까치 제비 오고 가면서 모두 자기 둥지만 짓는구나

정위精衛 고염무顧炎武

萬事有不平 만사유불평
爾何空自苦 이하공자고
長將一寸身 장장일촌신
銜木到終古 함목도종고
我願平東海 아원평동해
身沈心不改 신침심불개
大海無平期 대해무평기
我心無絶時 아심무절시
嗚呼 君不見 오호 군불견
西山銜木重鳥多 서산함목중조다
鵲來燕去自成窠 작래연거자성과

해설
작가는 명말 청초 사이의 대학자이자 시인으로 명나라가 망한 뒤에도 죽을 때까지 항청抗淸 투쟁을 했는데 정위는 산해경에 나오는 새로 염제炎帝의 둘째 딸 여와女娃가 동해에 놀러 나갔다 빠져 죽어 정위란 새로 변하였는데 이 새는 자신을 죽게 한 동해를 원망하여 서산의 나무와 돌을 물어다 동해를 메운다고 한다.

작가는 시 끝부분에서 이처럼 작은 새도 용기를 내 동해를 메우겠다고 덤벼드는데 사직이 망하였는데도 나라와 민족은 생각지 않고 일신의 안위만을 도모히는 수많은 한족 지식인과 귀족들을 나무라고 있다.

항주 반산에서 복사꽃을 구경하다

산빛이 활활 밝은 놀을 비추고
제비가 나직이 날며 주막을 스쳐 가네
붉은 그림자 개울에 비춰 흘러가지 않으니
비로소 봄물이 복사꽃을 연모함을 알겠네

항주반산간노화杭州半山看桃花 마일로馬日璐

山光焰焰映明霞 산광염염영명하
燕子低飛掠酒家 연자저비략주가
紅影倒溪流不去 홍영도계류불거
始知春水戀桃花 시지춘수연도화

해설

제목의 반산은 항주 간산문艮山門 밖 동쪽 교외에 있는데 옛날부터 복사꽃을 구경하던 곳으로 유명했다 한다.

옷을 부치는 노래

겨울옷을 지으려는데 가위질하기 어려워
몇 번이나 찬 눈물을 흰 비단에 떨구었던가
떠날 때의 몸 치수를 기준 삼기 어려워
꿈속에 그대를 찾아가 상세히 재어 보리라

기의곡寄衣曲 석패란席佩蘭

欲制寒衣下剪難 욕제한의하전난
幾回冰淚灑霜紈 기회빙루쇄상환
去時寬窄難憑准 거시관착난빙준
夢裏尋君作樣看 몽리심군작양간

해설
3구의 관착은 몸의 치수를 말한다.

천산

밝은 노을로 꾸미고 옥으로 얼굴 삼았으니
산이 요양에 이르러 높은 봉우리가 중첩되었네
푸른 하늘 향하려는 무수한 꽃송이들인데
구백 구십 구 송이 부용화이네

천산千山 요원지姚元之

明霞爲飾玉爲容 명하위식옥위용
山到遼陽巒嶂重 산도요양만장중
欲向靑天花數朶 욕향청천화수타
九百九十九芙蓉 구백구십구부용

해설
천산은 요녕성 요양시 동남 육십 리에 있는 산이고 4구의 부용은 연꽃의 별칭이다.

여름날의 잡시

물가 창의 낮은 곳에 화려한 난간 열렸고
침석 대자리 쓸쓸한데 옥루가 재촉하네
한 밤의 빗소리가 서늘하게 꿈에 이르고
만 장 연잎 위로 가을 기운을 보내오네

하일잡시夏日雜詩 진문술陳文述

水窓低傍畵欄開 수창저방화난개
枕簟蕭疏玉漏催 침점소소옥루최
一夜雨聲涼到夢 일야우성량도몽
萬荷葉上送秋來 만하엽상송추래

해설
2구의 옥루는 물시계를 가리킨다.

태평양에서 비를 만나다

계속되는 빗줄기 종횡으로 두 대륙에 이어지고
천지에 물이 출렁대며 동쪽으로 흘러가네
남은 인물들 다 도태시키기 어려워
다시 바람과 천둥을 끼고 먼 여행길 오르네

태평양우우太平洋遇雨 양계초梁啓超

一雨縱橫亘二洲 일우종횡긍이주
浪淘天地入東流 낭도천지입동류
却餘人物難淘盡 각여인물난도진

又挾風雷作遠遊 우협풍뢰작원유

해설
작가는 강유위康有爲의 제자로 스승과 함께 무술변법戊戌變法을 주도했는데 위는 무술변법이 실패한 후 1899년 미국으로 망명을 가는 태평양 위에서 읊은 시인데 4구의 풍뢰는 비록 실패는 했지만 가슴속 품은 개혁적 사상을 말한다. (기세춘·신영복 편역, 『중국역대시가선집 4』, 돌베개 참고)

매화

매화가 눈서리의 침범 두려워하지 않고
경루 옆을 부끄러워하고 옛 봉우리 곁에 있네
표격이 원래 홀로 서 있기를 좋아하는데
어찌 부귀로써 초심을 저버리게 하겠는가

매梅 추근秋瑾

冰姿不怕雪霜侵 빙자불파설상침
羞傍瓊樓傍古岑 수방경루방고잠
標格原因獨立好 표격원인독립호
肯教福貴負初心 긍교복귀부초심

해설

작가는 복건 하문 태생으로 봉건예법을 무시하고 남녀평등을 주장한 신여성으로 일본 유학 시절 혁명 조직에 참가했다 귀국 후 봉기하려다 발각돼 처형되었는데 1구의 빙자는 매화를 가리킨다.

후기後記

근 30년 만에 소백의 노래 2집을 발간하게 된 이유는, 고등학교 개교 백 주년을 맞아 축하시를 동문 문학회지에 투고해 달라는 요청을 받고 정식으로 漢詩(한시)를 배우게 되었고, 이어 그다음 해인가 집사람이 구청에서 컴퓨터 활용법 강좌를 들은 후 블로그를 만들어 주기에, 거기에 한시를 게재하느라 많은 한시를 구해 읽고 또 自作漢詩(자작한시) 습작도 꾸준히 해오던 중, 마침 금년이 본인이 대구에서 용인으로 올라온 지 10년이 되는 해라 그 기념의 의미로 블로그에 올린 자작한시와 중국 역대한시를 선별해 한 권의 책으로 내게 되었으나, 아직 많이 부족한 글이라 내보이기 주저되었지만 용기를 내 출간하는 것이니, 江湖諸賢(강호제현)의 애정 어린 叱正(질정)을 바란다.

한시가 어떤 것인지에 대해서는 동문선에서 출간한 『詩論』(주광잠 지음 정상홍 옮김)을 참고해 한시의 이해란 별도의 글을 책머리에 첨부했으며, 여기서는 한시에 대한 나의 생각 몇 가지를 더하겠다.

한시란 韻(운)과 簾(렴)과 對(대)가 맞아야 하는 제약이 뒤따르지만, 字句(자구)의 자유로운 伸縮顚倒(신축전도)가 가능하고, 술어의 생략과 엄밀한 문장구조는 불필요해 함축미가 있으며, 典故(전고)의 사용으로 표현의 영역이 넓혀지며, 작가가 별도의 註(주)로 작시 배경과 의미를 직접 밝히지 않는 한 다양한 해석이 가능해, 그야말로 생각하는 만큼 이해가 되는 매력있는 분야라 여겨진다.

다음으로 본인이 생각하는 좋은 한시의 기준은 우선 재미가 있고, 다음으로 울림(감동)이 있어야 하며, 여기에다 詩語(시어)가 독창적이고 표현이 참신하며, 거기다 공교로움까지 더하면 錦上添花(금상첨화)의 秀作(수작)이라 하겠는데, 한시에 있어서 韻(운)은 도착지를 향해 나아가는 배의 방향타(키)와도 같아, 비교적 사용빈도가 높은 동일 韻字(운자)의 사용에 따라 시 내용이 비슷한 것이 많은데, 그렇기 때문에 한시에 있어서 더더욱 표현과 의미에 있어서의 참신함과 독창성이 요구된다 하겠다.

덧붙여 수영을 배우려면 자주 물가로 가 물에 대한 두려움을 없애야 함과 같이 한시도 자주 접해 읽는 것이 중요한데, 요즘은 한시 번역서가 많이 나와 그럴 여건은 충분히 조성되었다 생각되고, 한시 독자층도 나의 블로그의 경우 노년층이 많기는 하나 의외로 젊은 층과 여성들도 관심이 많아, 애초 의도했던 한시의 대중화를 어느 정도 이룬 것 같아 나름 보람도 느낀다.

끝으로 이 책이 나오기까지 많은 분의 도움이 있었는데, 먼저 한시 작법을 지도해 주신 智巖(지암) 柳東烈(류동열) 선생님에게 감사드리고, 다음으로 과분한 서문을 적어주신 養齋(양재) 李甲圭(이갑규) 선생님과 金淵水(김연수) 교수(이 선생님으로부터는 오래전 동양고전을 잠시 배웠고 김 교수는 違韻(위운)의 雜記(잡기)들로 번다한 1집에서도 낙양의 지가를 올리는 명 서문을 적어주었다), 그리고 서예 글과 시로 이 책을 빛내준 벗 幽谷 徐泰元(유곡 서태원), 如海 申彦貞(여해 신언정), 怡山 尹道煥(이산 윤도환)과 블로그에 댓글로 글의 품격을 높여준 舒霞公 尹泰一(서하공 윤태일), 출간을 맡아주신 출판사 나녹那碌의 형난옥 대표님과 소개를 해 준 강정민 변호사님, 끝으로 블로그를 만들어 글을 게재토록 하고 또 쓸데없는 출간 일에도 큰 불평 없이 따라준 집사람, 그리고 출간에 물심양면 지원을 해주신 형제, 누나들에게도 두루 감사드린다.

2022년 9월 15일 용인에서
小白 류정무

참고서적

1. 이영주외 2인 역주, 『이태백시집』 전7권, 학고방
2. 이영주외 2인 역해, 『두율분운 두보율시』, 명문당
3. 심덕잠 엮음 서성 옮김, 『당시별재집』, 전5권 소명출판
4. 심덕잠 편저 양회석 김희경 역주, 『고시원』, 1,2,3 전남대학교출판부
5. 장기근 편저, 『중국고전한시인선1 이태백』, 태종출판사
6. 장기근 편저, 『중국고전한시인선2 두보』, 태종출판사
7. 하정옥 편저, 『중국고전한시인선5 굴원』, 태종출판사
8. 모리평 저 최석원 옮김, 『당시 그 아름다움에 대하여』, 경북대학교출판부
9. 류종목외 3인 역해, 『시가1』, 명문당
10. 강민호 옮김, 『두보 오칠언절구』, 문학과 지성사
11. 이은상 지음, 『시와 그림으로 읽는 중국 역사』, 시공사
12. 임창순 저, 『당시정해, 소나무
13. 박일봉 역저, 『고문진보』, 「시편」 육문사
14. 기태완 외 4인 역주, 『호응린의 역대한시 비평』, 성균관대학교 대동문화연구원
15. 김성곤 지음, 『중국한시기행』, 「장강·황하편」 김영사
16. 조식 지음, 이치수 박세욱 옮김, 『조자건집』, 소명출판
17. 이상미 저, 『학이 되어 다시 오리』, 도서출판 박이정
18. 성백효 역주, 『고문진보』, 전통문화연구회
19. 주조모 엮음 이동향 역주, 『송사삼백수』, 문학과 지성사
20. 주재술 지음, 『남도정자기행1』, 빈빈책방
21. 이재혁 저, 『강물은 흐르고』, 푸른사상사
22. 『성경』
23. 김학주 역주, 『송시선』, 명문당
24. 조규백 역, 『소동파 시선』, 두 권 명문당
25. 기태완 역, 『요금원시선』, 보고사
26. 기태완 역, 『명시선』, 보고사
27. 기태완 역, 『청시선』, 보고사
28. 류종목 지음, 『한시이야기』, 명문당
29. 이하상 지음, 『한시와 낚시』, 소와당

30. 김학주 지음 변영우 그림, 『만화로 배우는 한시』, 동아출판사
31. 송철규 지음, 『중국 고전이야기』, 첫째 권·둘째 권 소나무
32. 최병규 지음, 『풍류정신으로 보는 중국문학사』, 예문서원
33. 기세춘·신영복 편역, 『중국역대시가선집4』, 돌베개
34. 곽소우 저 주기평 이지운 역, 『송시화고』, 학고방
35. 주광잠 지음 정상홍 옮김, 『시론』, 동문선
36. 박일봉 역저, 『장자』 내편, 육문사
37. 김달진 역해, 『당시전서』, 민음사
38. 이치수 역주, 『도연명전집』, 문학과 지성사
39. 원가 저 정석원 역, 『중국의 고대신화』, 문예출판사
40. 서하객 지음 김은희 이주노 옮김, 『서하객유기』, 소명출판
41. 송천호 저, 『맹호연시 연구』, 성균관대학교 대동문화연구원
42. 김재승 저, 백락천시 연구』, 명문당
43. 『화설송사 』, 중국대외번역출판유한공사
44. 정민 지음, 『한시미학산책』, 솔
45. 금장태 지음, 『산해관에서 중국역사와 사상을 보다』, 효형출판
46. 김갑기 역주, 『삼한시귀감』, 이화문화출판사
47. 김영국 편역, 『산수전원시선』, 심미안
48. 최완수 저, 『겸재의 한양진경』, 동아일보사
49. 하태형 지음, 『난정연회』, 한길사
50. 정양화 지음, 『용인의 땅이름』, 용인시민신문사
51. 이종진 편저, 『이상은시선』, 문이재
52. 송용준 옮김, 『진자앙시선』, 지식을 만드는 지식
53. 장세후 옮김, 『주희 시』 역주 영남대학교출판부
54. 김영문외 4 옮김, 『문선역주 3』, 소명출판

A'll rights reserved.
All the contents in the book are protected by copyright law.
Unlawful use and copy of there are strictly prohivited.
Any of question regarding above matter, need to contact 나녹那碌.

이 책에 수록된 모든 콘텐츠는 저작권법에 의해 보호받는 저작물이므로
무단전재와 무단복제를 금합니다.
나녹那碌.(nanoky@naver.com)으로 문의하기 바랍니다.

소백의 노래 2
太白을 흠모한 小白의 한시 모음집
자작漢詩와 중국漢詩選

펴낸곳 | 나녹那碌
펴낸이 | 형난옥
지은이 | 류정무
기획 | 나녹협동조합
편집 | 형양자
표지디자인 | 김용아
초판 1쇄 인쇄 | 2022년 12월 20일
초판 1쇄 발행 | 2022년 12월 25일
주소 | 서울 종로구 평창21길 60
전화 | 02-395-1598

ISBN 979-11-91406-22-1(03810)